あなたが介護で後悔する35のこと

そして、後悔しないための8つの心得

上村悦子
Yoshiko Uemura

介護Library
講談社

あなたが介護で後悔する35のこと——そして、後悔しないための8つの心得／目次

プロローグ

第1章 介護は不意にやってきた

介護が始まったとき後悔すること

第2章　どこで介護を受ければいいのか

「家か施設か」の選択で後悔すること①

第3章 施設との上手な付き合い方

「家か施設か」の選択で後悔すること②

第4章 だれがどう介護するのか

親族との関係のなかで後悔すること

第5章 変わっていく家族を前にして

認知症介護のなかで後悔すること①

第6章　認知症とうまく付き合う

認知症介護のなかで後悔すること②

第7章 命と向き合い続ける

看取りで後悔すること①

第8章 悔いの残らない最期はあるか

看取りで後悔すること②

※人物の年齢・肩書は取材時のもの。プライバシーおよび守秘義務に配慮して一部の個人情報に変更を加えてあります。

装　幀　山原望
DTP　朝日メディアインターナショナル

プロローグ

大介護時代に突入したといわれる。

大げさな話でも何でもない。

２０１７年時点で、65歳以上の高齢者が３５１５万人。日本は全人口の４人に１人が高齢者という、世界のどの国も経験したことのない超高齢社会になりつつある。介護が必要な高齢者が６２９万人を超える「介護大国」となったのだ。

私の周りを見渡してみただけでも、80〜90歳代の親の介護をしている人が十数人。仕事を辞めて母親を自宅で介護している女性もいれば、施設に入所した父親を定期的に見舞う人、遠方の実家に住む母親を遠距離介護する人、とかたちはさまざまだが、そのなかの一人が、夫の介護を始めて24年になる西村早苗さん（73歳）である。

早苗さんの一日は、脳卒中で右半身が不自由になった夫（75歳）をベッドから起こすことから始まる。夫の要介護度は４。左上半身はゆっくりとなら動かせるが、完全に車イス生活だ。日常生活には困らない程度ではあるが、構音障害（発音や発語が正確にできない障害）と認知症もある。

早苗さんの毎朝のスタートは6時半。自分の着替えを手早く済ませ、朝食を作ってから、居間のベッドで眠る夫を7時過ぎに起こすのが日課だ。

まずは電子レンジで温めた蒸しタオルをベッドのそばに置き、夫の着替えから。

「おはよう」と声をかけながら布団をめくると、夫も「おはよう」。

仰向けのままパジャマのズボンを脱がせる。夜間だけオムツを利用しているが、そのオムツをはずして蒸しタオルでお尻と陰部を手早く拭く。それから尿取りパッドを当ててパンツとズボンをはかせ、靴下もはかせて下半身の清拭《せいしき》は終わりだ。

次に、夫を自分のほうへ横向きにし、足をベッドの下へおろして、上半身を両脇からぐっと抱え起こして座ってもらう。夫がベッド柵を握って体を自力で支えている間にパジャマの上着を脱がせて着替えをする。洋服は気温に合わせて選んでいる。

「前は30分以上かかっても左手だけで自分で着替えられたし、手を離して座ることもできてたんやけどね。今はバランスが取れなくなって」

と早苗さん。

それから夫を車イスに移して、ベッド脇の食卓へ。車イス用の移動式テーブルで食事だ。

後悔1 つい要らぬひと言が出てしまう

食事はまず、早苗さんが夫に介護用エプロンをつけ、口をゆすいでもらうところから始まる。早苗さんが右手にコップ、左手にボウルを持ち、夫の口に水を含ませ、うがいをしてボウルに出してもらう。部分入れ歯を入れてあげたら、「さあ、食べよう」。

朝食は、食パン半分（3つ切りにする）に、一口大のキウイやバナナを入れたコーグルト。飲み物は野菜ジュース、ミルクティ、日本茶の3種類を毎日用意する。マヒしていない左手でゆっくり食べる夫と並んで、早苗さんは手早く食べる。

約15分の朝食の後は、車イスで洗面所へ。直進なら自力で移動ができるので、夫は廊下では自分で車イスをこぐ。部分入れ歯を外し、電動歯ブラシを渡して、歯みがきは自分でしてもらう。きれいにはみがけないが、早苗さんは朝は目をつぶることにしている。

再び部分入れ歯を入れて、次はひげ剃り。電気カミソリを使って自分で剃ってもらう。

「最近はうまく剃れなくなって、してほしいと言うので1日おきに私がします。自分でした日は不服そうにしてるので、『お父さんのヒゲが伸びてても ダ～レも気にしないから大丈夫！』って、つい要らぬひと言が出てしまうんです。そのたびに後悔するんだけど、直らないのよ」

夫は返す言葉もなく黙っているそうだ。

続いて、トイレへ。

「お父さん、立つよ！　頑張って。ハイ、よいしょ！」

車イスの夫の両脇に腕を入れ、ズボンをつかんで立ち上がらせ、そのまま180度体の向きを変え、便座に座らせる。

夫の身長は165㎝、体重56㎏。早苗さんは身長150㎝と小柄だ。方向転換するとき、夫のマヒした足を片足で押しながら、もう片方の足で夫の体重を支えるため、毎回ひざに痛みが走る。どうしても出てしまう「あっ、イタッ！」の声に、夫が妻を心配そうに見る。

ここで、また後悔。

しばらくして「出た」と声がかかると、お尻を拭いて終了。汚れ具合によっては、夫に前かがみになってもらい、市販の携帯お尻洗浄器を使って、後ろからお湯をかけて洗う。ここまでくると毎回、「お父さん、きょうの一大行事が終わったね！」と喜びのひと言が出る。

その後、夫はテレビの前に。早苗さんは朝食の片づけや洗濯、掃除などを済ませて、10時半ごろからはホッと一息だが、11時半からもう昼食の準備だ。定番は、蒸したさつまいもと茹でた枝豆をつぶして、牛乳でのばしたペースト。ほかにリンゴやソーセージ、またはやわらかいさつま揚げなどを食べやすく切って出す。お好み焼きの日もあれば、出来合いのピザにする日もある。

昼食後、夫はベッドで横になってテレビを観たり、ウトウトしたり。その間に1度尿取りパッドを取り替え、早苗さんは短時間で買い物に行くこともある。

午後3時には夫を起こして車イスに移し、紅茶とお菓子のおやつタイム。夫は夕方までそのままテレビを観るので、早苗さんはようやくフリーになる。

これとは別のスケジュールで動く日もある。

早苗さんの夫は、デイサービスを週に3回、ショートステイ（数日から1週間程度、泊まりで要介護者を預かってくれる介護サービス）を月に2回利用している。その日は、朝

9時半に迎えの車が来るため、それまでにトイレを済ませておかねばならない。

そして外出用の車イスに乗り換えるのだが、これが大変だ。まず夫に、車イスの手すりをマヒしていない左手で持たせ、前かがみになってもらう。お尻が浮いたところで、早苗さんが夫の右脇にもぐり込む形で介助して立たせ、ゆっくり移乗する。

なかなか思いどおりに夫の体を動かせず、落としそうになることも。つい「もう、お父さん！」と口に出てしまうこともあれば、「お父さん、立って立って！ 足伸ばしてよ！」と叫んでしまうこともある。落下防止のベルトをさせて、外用の靴をはけばようやく準備完了だ。

時には靴をはき終わったところで夫が、「お母さん、トイレ」と言い出す日もあるが、そうなると大騒ぎだ。「えーっ！」とドタバタあわてながら、もう一度トイレ介助をやり直して、汗だくで送り出すことになる。その後はようやく自由時間。趣味のレザークラフトや、スクエアダンスなどの習い事に出かける。

満足のいく介護なんてあり得ない

デイサービスやショートステイを利用しない日なら、夕方、早苗さんは5時ごろから夕食の準備を始める。小さなおにぎり4つほどに、しゃぶしゃぶ用の薄切り肉を煮たり、魚をほぐしたり。白菜と豚肉のはさみ煮などを適当な大きさに切って出したりと、メニューは多彩だ。

スプーンとフォークは用意しておくが、夫にエプロンをつけてもらい、7割方は手づかみで食べてもらう。食べ物を口に運ぶまでにこぼすようになったため、自然と手づかみに変わっていったのだ。

早苗さんも同じおかずを一緒に食べる。夫の手や口がグチュグチュに汚れていても、その都度拭いていてはきりがない。きれいに拭くのは食事がすべて終わってからだ。

「まあまあ普通のものが食べられるけれど、のどにくっつきやすいものや、むせやすいワカメや薄揚げ（油揚げ）などは避けるようにしています」

と早苗さんは言う。

7時前に食事が終わり、テーブルで夫の入れ歯をはずして、口をゆすぐ。洗面所に移って夫が自分で歯みがきをし、その後、早苗さんが歯ブラシと歯間ブラシで総仕上げをする。

「夫だけではほとんどみがけていません。でもみがく行為を忘れないようにやってもらうんです」

そして、食器の片づけだ。その間、夫は早く横になりたくてうずうずしながら待っているが、早苗さんからすれば、のどに食べ物が残って、むせがちなのでできるだけ座っていてほしい。だから、起こしたままにしているのだという。

夫を寝かせるのは、だいたい7時半ごろ。まずベッドに座ってもらい、その状態で上半身からパジャマに着替えさせる。続いて横になってもらい、オムツに替えるが、便の拭き残しや排泄の失敗でお尻が汚れているときは、ベッドに夜用の大判オムツを1〜2枚敷き、使い捨てのゴム手袋をしてボディソープで洗い、ペットボトルに入れたぬるま湯をかけながらすすぐ。最後にパジャマのズボンをはかせて、着替えは終わり。

それから恒例の足のマッサージ。アキレス腱伸ばしに始まり、足首回し、足指の開閉、そして足裏をたたいたり、足首を回してあげたりしている。また、マヒ側の手の上げ下ろしや、拘縮《こうしゅく》している指の曲げ伸ばし、関節を動かしたりといったこともする。毎日ではないが、習慣として続けているという。

ここまで終わると朝まで手はかからない。一日の終わり、「おやすみ」となる。

こうした日々を365日、およそ四半世紀続けている。だが、

「もうね、毎日が小さな後悔の連続。10年やろうと20年やろうと、満足のいく介護なんてあり得ない。なぜって、症状は日々変化していくんですもん」

介護の「先輩たち」の跡をたどって

介護に不安を抱えている人は多い。内閣府が5000人を対象に実施した「介護保険制度に関する世論調査」（平成22年）によると、「家族が老後に寝たきりや認知症になるかもしれない」と不安に思うことがある人は77・6％で、前回調査時点（平成15年）よりもその割合は増えている。

具体的に何に困ると思うか（もしくは、もう介護が始まっている場合は、何に困っているか）という質問に対して多かったのは、

・介助（食事、排泄、入浴）のため睡眠が十分にとれないなど、肉体的負担が大きいこと
・ストレスや精神的負担が大きいこと
・家を留守にできない、自由に行動できないこと

という答えであったという。

かなり多くの人が介護に対して重苦しいイメージを抱いていることがわかる。「介護は困難で、大変なこと」と思われているのだろう。ここまでに紹介した早苗さんの生活は、そういったイメージを裏づけているかのようだ。

私はここ数年、多くの介護者に会い、取材を重ねてきたが、確かに誰にとっても、介護は楽なものではないようだった。介護者の口からは「後悔」が幾度も語られた。早苗さんのように、日常のなかで積み重なっていく小さな後悔だけではない。「あんなことをしなければ」「あんな施設に入れなければ」「あのとき、こうしていれば」と、大きな後悔を抱えている人もいた。

だが後悔は、同時に介護者が前進するきっかけにもなっていた。後悔をバネに気持ちを切り替え、前向きな介護に行き着いた人や、後悔し勉強し直した人、後悔があったから別のやりがいを見つけた人にも私は出会った。すべての介護者が何かのきっかけで、「後悔を少なくする方法」や「プラスに変える方法」を自然に身につけていたのである。

そのような方法は、繰り返される日々の積み重ねから生み出されたものだ。教科書などでは決して得られない貴重な教訓である。しかし、その教訓は誰に語られることもなく、介護が終わった段階でその介護者のひとつの思い出でしかなくなっていく。実に惜しい話であり、私は幾人もの介護者が紡いだ貴重な体験を、後に続く人につなげる意味でも一冊にできればと思った。そうしてできたのがこの本である。

本書の目的は、介護者の後悔から私たちが活かせる学びを得ることにある。介護の始まりから終わり（つまり、要介護者の死）までを時系列で追いながら、必要に応じて専門家にもアドバイスを求めた。介護の先輩たちの体験が、いつかあなた自身が介護者となったときの道しるべとなれば幸いだ。

最後に急いで付け加えておきたいことがある。

介護の暗いイメージを強調するようなことばかり書いてきたが、実はそうした「つらさ」は、介護のごく限られた一面でしかない。私はそう確信している。

早苗さんのように長年介護を続け、ヘトヘトになった人たちが、何らかの形でひと山越えたとき、目には見えない不思議な力を身につけ、ひと回りもふた回りも大きくなって元気に生まれ変わる姿を、私はいくつも目にしてきたからだ。

親を看取ったあと、実家を開放して家族介護者の会を始めた人がいた。夫の百箇日を過ぎたころから傾聴の講習を受け、お年寄りの見守りボランティアとして活動し始めた人もいれば、家族介護者を支援する団体の世話人を買って出たという人もいた。人間として大きく成長し、社会との新たな関わりを見出している介護者を見ると、何かうらやましいようにすら感じてしまう。

近ごろは「介護殺人」という言葉さえ耳にするようになってきたが、お世話になった親やパートナーとむかえる結末が命の奪い合いでは、あまりにやりきれない。これ以上、悲劇を生まないためにも、私たちは先人の体験に学ばなければならない。本書が私だけでなく、あなたの、そして社会の成長につながることを祈りつつ、書き進めたいと思う。

第1章

介護は不意にやってきた

介護が始まったとき後悔すること

後悔2 医師に何も言えなかった

突然、家族が病気に倒れ、明日から介護が必要という状態になったら、あなたは何を思い、どうするだろうか。

倒れた家族のことが心配で、不安に駆られるかもしれない。明日からどう生活していくのか、仕事を続けられるかどうか、悩む人もいるだろう。入院や要介護認定など、必要な手続きの数に圧倒されてパニックになるかもしれない。

いずれにしても、目の前のことで手一杯になってしまうのは間違いない。介護される人の気持ちなど考える余裕のないまま、思考停止して「とにかく医師の言うとおりにするしかない」「介護職員がこう言うんだから、そうしよう」と、どこか他人まかせになってしまうのではないだろうか。はじめに紹介するのは、そうやって言いなりになったことを今でも悔やんでいる人の話だ。

「病院のやり方がおかしいと思いながらも、医師に対して何も言えませんでした。介護中いちばん後悔したことです」

8年間アルツハイマー型認知症の夫の介護を続け、2014年に自宅で看取った戸牧一枝さん（73歳）は、こう言って目を伏せた。

夫が同じことを繰り返し言ったり、通い慣れた道を間違えたりするようになったのは、62歳ごろからだ。それでも当初は、「最近、ちょっとおかしいかな？」と思う程度で、それほど気にも留めていなかった。

ところが娘の留学先であるロンドンへ旅行したとき、夫が行方不明になってしまった。旅行先のホテルで朝、「タバコを吸いに行ってくるわ」と外に出たまま行方がわからなくなり、夜になってやっと見つかるという騒動を起こしたのだ。

「それがね、大使館員に連れられて帰ってきたときも、夫にはさして申し訳なさそうな様子がなかったの」

帰国後、自宅近くのクリニックを受診したところ、アルツハイマー型認知症の中等度と診断された。医師は家族の了解も得ずに、別室で65歳の夫に直接、病名を宣告した。

「ただ、夫は『ちょっとボケてるようだと言われたよー』と深刻には受け止めていない様子でした」

そんな夫とは対照的に、一枝さんら家族は病名を聞いてうろたえるばかり。医師に頼りきりで、自分たちにできることはないかと考える余裕もなかった。

その間にも認知症が進行したのか、あれよあれよという間にトラブルが増えていく。たとえば排泄の失敗がそうだった。

「初めての失敗はデイサービスの帰りで、本人はとてもショックだったんでしょうね。帰宅するなり、玄関でカバンを投げつけて悔しがっていました」

汚れ物を始末する一枝さんの傍で、夫が、「ありがとう、ごめん」と詫びた。それまでの長い夫婦生活の中で初めて聞いた謝罪の言葉だった。

一枝さんは夫がまだ元気なころ、離婚届にサインして突きつけたことが2度ある。普段は温和だが、自分の思いどおりにいかないことがあると暴言を発し、暴力までふるう夫が許せなかったのだ。

しかし、長年ともに暮らしてきた夫婦の間には、知らず知らずのうちに情が湧いてくるのかもしれない。予想もしなかった夫の認知症に心が揺れ、あまりに不憫《ふびん》で、一枝さんは「残りの人生、この人の病気とつきあおう」と決めたという。

後悔3 「入院させてしまった」

だが、思いだけでは限界がある。夫に徘徊《はいかい》の症状が出始めると状況は一変した。夜中でも家から出ていこうとするうえ、止めようとすれば怒り、物を蹴飛ばしたり投げつけたりさえするのである。夫が迷子にならないよう後をついて回った一枝さんは疲労困憊《こんぱい》し、倒れたこともたびたびあった。

発症から1年。夫を見守るのに限界を感じていたころ、デイサービスの職員の手配で精神科病院への保護観察入院が決まった。身体拘束が多く、患者は外出さえ許されない場所である。家族の面会にも、病棟に入るにはその都度、鍵が必要だった。

「私自身、肉体的にもう限界でした。『夫を入院させてしまった』という自責の念と、『もう入院させるしかなかったんだ』という思いが交錯して苦しかったです」

そして入院から1年後、以前から申し込んでいた介護老人保健施設（老健）へやっと入所できた。だが、入所してわずか4ヵ月後にはもう、退所させられることになった。理由は夫の「暴力」。施設側からの報告によると、

・夫が部屋を出て、建物の外に出ようとするので職員が止めると、その手を払いのける。また、払いのける動作をくり返す。
・廊下を歩き回り、エレベーターのドアが開くと乗ろうとする。それを職員に止められ、感情的になってそばにある車イスを蹴飛ばした。
こういったことが相次いだのだそうだ。

「きっと家に帰りたかっただけなんです」

と一枝さんは振り返るが、施設側はそう考えてはくれず、ひと言の相談もないまま精神科病院への再入院が決まった。再入院のときは家族も立ち会ったのだが、

「その病院に入るとき、きっと前の記憶がよみがえったんでしょうね。夫は入るのを拒むように大声を出して暴れました。すると、大柄の介護士さんたちが3〜4人で夫を押さえ込むように抱えて、強引に病棟へ連れ去った。そのときの光景は、今も目に焼きついています」

再入院先の病院からは、一方的に10日間の面会謝絶を告げられた。

10日後、不安を胸に会いに行ったが、すでに夫の顔に表情はなく、もぬけの殻のようになっていた。それまでは元気で記憶力もある程度は残っており、会話も普通にできていた

のに……。

「精神科病院に入れてしまったのを、どれだけ後悔したことか。病院側に何ひとつ言えなかった自分をずいぶん責めました」

後悔4 子どもたちを介護に巻き込んだ

では、他人にまかせず、介護を家族で引き受ければうまくいくのだろうか。そうとも言い切れないようだ。

建築設計事務所を経営していた山内輝昭さん（68歳）。20年前に突如として介護が降り掛かってきた。まだ48歳の働き盛り、早朝から深夜まで精力的に仕事をこなしていた時期だった。

「突然、妻が倒れて、すぐに救急車を呼んだんですが、病院を何軒もたらい回しにされてしまいました」

妻（当時45歳）は脳内出血で左片マヒの後遺症が残り、在宅療養となった。当時、同居する実母にも認知症の症状が出始めていて、山内さんはそれまで予想もしなかった二重介護をスタートさせることになった。

山内さんは、介護が始まった当初を「もう呆然とするしかなかった」と振り返る。何の準備もないまま、生活を変えざるを得なくなった。仕事の傍ら毎日の食事づくり、洗濯、掃除など、家事をこなしたうえで、２人の女性の世話をしなければいけない。それまでスーパーにもほとんど行ったことがなかった山内さんは、カゴを手に1人で買い物する自分が恥ずかしかったそうだ。

「一生懸命仕事をして家計が潤えば、男の責任は果たせると思っていた時期。順調にいっていた人生に急ブレーキをかけるなんて、まったく想定外でした」

山内さんの頭の中は、仕事をどうやりくりするかでいっぱいだった。だから、だろう。「介護と家事は私たちがやるから」という娘たちの言葉に甘えてしまったという。介護が始まった当時、末っ子の長男はまだ中学生。就職したばかりの長女は仕事をしながら、短大生だった次女は学校を辞めて、それぞれ手伝いを買って出てくれたのだった。

しかし、20歳そこそこの女の子に介護は荷が重すぎたようだ。認知症が進行し、「財布がない」「通帳がない」と毎日のように祖母に責め立てられ、耐え切れなくなった娘たちが家出したこともあった。

「今も後悔しているのが、次女に短大を辞めさせたこと。そのときはただありがたいと思うだけで、娘の心の重みや悩みを考えてやる余裕もなかった。私が無知なばっかりに、娘の人生に大きな影響を与えてしまったことを今も引きずっています」

大きな課題にぶつかったら、誰でも助けを求めたくなるものだろう。だが、山内さんは、子どもに求めすぎたことを悔やんでいた。

悪いことは続く。リハビリを終えたら家事に復帰してくれるだろうと考えていた妻が、今度は不自由になった体に絶望して、うつ状態に。あろうことか、3度も自殺を図った。いずれも未遂に終わったが、それからは部屋に閉じこもり、長椅子に横になって動こうとしなくなったため、ついに腰が変形して曲がったままになってしまった。

「途方に暮れるというのはこういうときのこと。いろんな面で地獄でした」

まさに八方ふさがりだった。

このとき、山内さんの疲労は極限まできていた。出先で倒れ、かつぎ込まれた病院で肺気胸（肺に穴があき空気がもれる病気）との診断を受ける。右肺を切除することになり、半年間仕事を休んだ。入院していても、もちろん家族の見舞いなどない。介護で忙しいからだ。でも、病室でゆっくり考える時間だけはあった。

そばに娘たちがいるから当てにしてしまう。1人になれば、自分でやらざるを得ないんだ——山内さんはそう悟った。

「子どもたちを介護に巻き込んだことを後悔し、娘たちには家を出るように勧めました。やっと『介護は自分1人でやるべきだ』と腹をくくれたんです」

それでも娘たちは、「できる間は」と手伝ってくれていたそうだ。

山内さんの入院と同時期にがんを併発し入退院をくり返していた母は、介護が始まった5年後に他界。その後、娘たちは、それぞれ結婚して家を出た。末の息子も遠方の大学に行かせることにした。

山内さんは、「自分1人で介護すべきだ」と腹がくくれるまで約2年の年数がかかったことを、私が取材したときにも悔やんでいた。

後悔5 苛立ちをぶつけてしまった

夫の介護を続ける西村早苗さんのことは、プロローグでも紹介した。

早苗さんの夫は旅行会社を経営していたが、40代のときに2度、軽い脳出血を起こして病院に搬送されたことがある。そのときはいずれも、40日ほどの入院で社会復帰できたが、51歳のときに3度目の発作に襲われ、緊急入院となった。

病院に駆けつけた早苗さんは医師から、

「出血部位が脳幹に近いため手術はできません。でも、何とか杖で歩けるようになりますから」

と告げられる。このとき早苗さんは49歳で、息子2人はまだ大学生。介護が始まるなど想像もしていなかったが、何とか気を取り直し、夫の世話に献身的に打ち込んできた。

「ただひとつ救われたのが、夫が突然の病を素直に受け入れ、苛立ったりしなかったこと」

と早苗さんは振り返る。

リハビリのために入院した病院では、最初の1ヵ月間は個室に泊まり込んで介護した。その後、大部屋に移ってからの5ヵ月間は自宅から病院に通い、朝から晩まで毎日12時間付き添った。

「まだ介護保険が始まる前でしたが、病院で介助法からリハビリの方法、入浴の方法までしっかり教えてもらえた。在宅介護になってずいぶん役立ちました」

入院当初、夫は歩くどころか座ることさえできず、言葉も出にくかったが、退院するころには、医師の見立てどおり杖をつけば何とか歩けるようになった。やがて、ゆっくりではあるが会話ができるまでに持ち直す。そのころから早苗さんは、夫が会社に復帰できればと考え、一緒に出勤するようになった。仕事中も横に座って、ずっと支えた。

その一方で、中国の気功がリハビリにいいと聞くと2度も中国へ、いい鍼《はり》治療が受けられると耳にすれば京都や神戸へと、どこへでも行った。

しかし、かすかな希望の前に立ちはだかったのが阪神・淡路大震災だ。家は半壊。夫は再出血してまったく歩けない体になり、車イス生活が始まる。回復の望みは絶たれ、夫の会社は部下に譲らざるを得なくなった。

いくら頑張ってもうまくいかない。このころから、早苗さんは苛立ちに襲われるようになった。腹立たしさから夫の車イスを蹴飛ばしたこともある。手伝おうとしない息子2人を、「もう、出ていけ！」と怒鳴りつけたこともあった。

突然始まった介護に、わが身を振り返る暇もないほど無我夢中で取り組んできた早苗さんだ。夫も懸命にリハビリに励み、一時は社会復帰できるかもしれないというところまで回復できていたからだろう。その反動は大きすぎたようである。

介護を始めて8年。疲れはピークに達していた。

「気持ちが落ち込み、体中の力が抜けてしまって。ちょっとしたことに涙がこぼれ、家の中でもスムーズに歩けなくなっていました」

そんなとき救いとなったのが、チラシで見つけた「介護者のリフレッシュ講座」だった。介護をしている家族が集まって語り合い、食事や陶芸などを楽しむ集まりである。参加した早苗さんは、これまでの介護体験を話しながら、おいおい泣いたそうだ。

「講座の代表の方に初めて私の気持ちを受け止めてもらえた。この講座に出会えてなかったら、本当のうつ病になっていたと思います。そのころの私は『よう頑張ってるよ』とだれかに背中をさすってほしかったんです」

早苗さんは講座で出会った介護者仲間と外でも会うようになり、心から救われたという。仲間と一緒に車イスを連ねてカラオケや食事に行ったり、夫を寝かせてから「不良主婦しよう」と深夜の喫茶店でしゃべり合うこともあった。

「介護者は自分が楽しむことに臆病になるし、後ろめたさを感じてしまう。でも、介護者がリラックスできたら、明日からの介護をまた頑張れるんです」

NPO法人「つどい場さくらちゃん」と出会えたのもこのころで、今では定期的に通っている。

早苗さんがリフレッシュ講座と出会った直後の２０００年に、介護保険制度が始まる。夫がデイサービスなどの介護保険サービスを利用するようになってからは、少しずつ気持ちに余裕ができるようになった。

「病気になっていちばんつらいのも、いちばんしんどいのも夫なのに、それまでの私は介護に明け暮れる自分が可哀想だった。『私がつらいの』という思いが先に立ち、夫に苛立ちをぶつけていました。いちばんの後悔です」

少しでも余裕がもてるようになったから、気づけた後悔だ。

後悔6 「知識のないまま介護をしてしまった」

介護が語られるときは、当事者であるお年寄りや、それを支える介護職にばかり目が向けられがちだ。そんななか、昔から家族の側にも立って声を上げ続けてきたのが、ＮＰＯ法人「つどい場さくらちゃん」（兵庫県西宮市）の代表・丸尾多重子さん（愛称まるちゃん）である。

介護家族がいつでも集まれる場を作ろうと、まるちゃんが「さくらちゃん」を開設したのは2004年のこと。訪れる人は介護のつらさをまるちゃんに吐き出し、ため込んだ涙を流して心をリセットする。数多くの介護者の心の拠りどころなのだ。それだけでなく今では、介護職や市役所の職員、医療者、学生など、さまざまな人が集う交流の場となっている。

年間の利用者は延べ2000人以上。海外からの見学者もあれば、遠方からの視察で一度に20人以上がテーブルを囲む日もある。

こうしてつどい場を1人で切り盛りするまるちゃんでさえ、自分の介護では後悔を抱えている。介護について何も知らないまま、10年間で3人の家族を介護し看取ったことを、今も悔やみ続けているのだ。

彼女の介護も、ある日突然、始まった。

まるちゃんはかつて、東京で働いていた。テレビCMで調理を担当するなど、長年食に関わる仕事に携わっていたのである。しかし、年老いた両親の希望もあって40代で帰郷。故郷で手づくり総菜の店を開こうと準備に奔走していた。

その矢先のことだ。

いよいよ店舗オープンというその日に、母（78歳）が肺がんと診断され入院した。

「病院へ駆けつけましたが、もう店のことは頭からふっ飛んでいました。妹は病気がちで、親に介護が必要になったら私しかいないと思っていましたから、私が面倒を見たんです」

後悔7 「両親を医療と無縁の地に住まわせた」

母の手術は無事に終わり、順調な回復にホッとしたのも束の間、阪神・淡路大震災が起こる。余震の恐怖が引き金になったのか、その時期にがんの転移も見つかった。病院を嫌がる母の希望で在宅療養に。しかし震災から9ヵ月後の10月、母はのたうち回るような痛みが続く中、まるちゃんの腕の中で息を引き取った。

「介護中は、自分がやってることが正しいのかどうかも判断できない日々。毎日戸惑い、涙を流す日もありました。母はがんの痛みで苦しんでいたのに、担当医は緩和医療（苦痛を取り除く医療）の知識も技術もなかった。年老いた両親を医療と無縁の地に住まわせたことを後悔しました」

まるちゃんが面倒を見ていたのは母だけではない。20代から躁うつ病に苦しみ、入退院を繰り返していた次兄の世話も同時進行だった。しかし母の旅立ちから1年後、兄は54歳で自ら命を絶ってしまう。

兄の世話をするため、まるちゃんは兄のアパートを訪れるのが日課になっていた。いつもどおり兄が暮らす部屋に立ち寄った、ある日のこと。1階の庭付きの部屋だったが、玄関を入ると、正面奥の庭に立つ兄の姿が目に入った。声をかけてすぐご飯の支度にかかる。食事の用意をしている間もあれこれと兄に話しかけるのだが、なぜか返事がない。ふと悪い予感がして庭にかけ寄ると、そこには変わり果てた兄がいた。瞬間、まるちゃんはへなへなと腰が抜けてしまったそうだ。

「つらかったです。私の関わり方が間違っていたから、兄を自死にまで追い込んだんじゃないかと」

間もなく父の介護が始まったが、そこでも後悔は積み重なっていく。

母の死の直後、父が車で出かけたまま道に迷い、長時間帰らないことがあった。やっと自宅にたどり着いた父だが、運転中に脳梗塞を起こしていたことが判明。その後、認知症の症状も出始め、さらに1年後には脳梗塞を再発し、左半身マヒの後遺症が残った。

「家族2人が旅立ってすぐの父の介護でしょう。認知症で会話も成り立たない。自分の人生ってなんやろかって。もう身も心もボロボロでした」

長引く介護生活で外出もままならず、孤独感に打ちのめされそうになった日もあったという。

「ちょうど父の介護のときに始まった介護保険も、何も理解しないまま利用した。制度も知らなければ、身体介助についての知識もなく、体の大きな父の介助も力任せでした」

93歳になった年、父は誤嚥《ごえん》性肺炎《せい》（気管に入り込んだ異物が原因で起きる肺炎）を起こして入院する。治療が奏功しなんとか完治したが、退院した翌日に帰らぬ人となった。

「たった1日の在宅介護。昨日までそこそこ元気でいた父が、お葬式で灰になったことがどうしても受け入れられず、お骨拾いができませんでした」

無知だったという後悔が、1人になって改めて肩にのしかかってきた。それから半年あまりの記憶はうっすらとしかないそうだ。

「3人の家族がいなくなって、糸の切れた凧《たこ》のようにふわふわしていた。とにかく人と話をしたくなくて、電話にも出られなかった。何を食べていたのか記憶にもない。新聞も、テレビも観る気がしなくて、山の中でこのままボケていくのかなあと思っていました」

後悔と怒りを原動力にして

父の介護中にただひとつ救いとなったのが、訪問看護師の存在だ。父の介護を始めて2年目のころ担当になり、それ以来、閉じこもりがちなまるちゃんのもとに社会の風を運んできてくれた。

理学療法士の三好春樹氏（生活とリハビリ研究所代表）の存在を教えてくれたのも、この訪問看護師だ。2人は三好氏が提唱する「生活リハビリ」の考え方に夢中になった。「食事や排泄などの日常的な生活動作こそが最良のリハビリ」という視点に多くの刺激を受けたのだ。無知なまま介護に臨んだことへの後悔が、向学心に拍車をかけたのかもしれない。まるちゃんは父の介護の合間に三好氏の講座にたびたび参加するようになり、のめり込んでいった。

そうした背景があったからこそだろう。父の死後、一時生きる気力を失ったまるちゃんだが、新聞の片隅に「ヘルパー1級取得講座」の告知を見つけると、すぐ応募した。まるちゃんは、亡くなった3人の家族は「星になった」と言う。そんな星になった家族のために何かしなければという思いから、一念発起して講座を受講したのである。

しかし、講座の最後に実習のため訪れた特別養護老人ホームで、怒りが頂点に達したそうだ。車イスに座らされたきり放置され、表情も言葉もない入所者たち、あるいは、ストレッチャーで固定されたままホースでお湯をかけられ、機械浴をさせられる入所者など、「人が人扱いされない介護現場」を目の当たりにしたのだ。

これがきっかけで、受講から1ヵ月後の2003年12月には「今の介護現場を変えなければ」と、マンションの一室で「つどい場さくらちゃん」を立ち上げた。現在は場所を戸建てに移して運営を続けているが、そんな彼女の原動力となったのは、10年間の介護生活で体験したいくつもの「後悔」と「怒り」だったという。

「臆せずものが言えなあかん！」

つどい場をオープンするにあたり、まるちゃんが最初に企画したのは、自主開催の介護教室だった。知識のないまま介護を続けた後悔は深かった。同じ轍《てつ》を踏んでほしくない、たくさんの介護者に学んでほしいと、三好春樹氏に講師を依頼し、正式にオープンする直前の２００４年1月に、早くも第1回「介護講座」を開いている。これが、「つどい場さくらちゃん」で今も続く介護の勉強会「学びタイ」だ。

「賢い介護者にならなあかん！」

「介護者が医師や専門家に対して臆せずものが言えなあかん！」

と、食事・入浴・排泄のケアといった基本から、傾聴や腰痛予防、福祉用具の使い方、在宅医療まで、幅広いテーマについて毎月さまざまな講師を呼んでセミナーを開いてきた。こうした取り組みは現在も継続中だ。

まるちゃんはこう語る。

「介護中であっても、いろんなことを学び、情報を得るのはとても大事です。技術的なこと、医療のこと、介護の心構え、介護保険制度、福祉用具など、最低限知っておくべきことが身につかないままの介護ほどつらいものはありませんから」

とはいえ、介護ばかりの毎日では、介護する人もされる人もイヤになってしまう。また、かつてのまるちゃんがそうだったように、家にこもっていては息が詰まって孤立するばかりだ。だからこそ彼女は、学ぶこととともに、介護者も要介護者も外に出ることが大切だと言う。

「ちょっとした外出だけでも、お年寄りは活き活きされ、表情がどんどん変わっていかれる。そうすると介護者も元気になれるんです」

だからつどい場では「おでかけタイ」と称して、日帰りでお花見や果物狩り、テーマパークの散策などを企画してきた。外出だけでなく、毎年1回は必ず旅行にも出かけている。介護者だけでなく、車イス利用の要介護者も参加できるように計画を立て、これまで北海道から沖縄、そして台湾まで、国内外計14回のツアーを実現させた。

「薬が以前と同じなのはおかしい」

この章で紹介した戸牧一枝さん、山内輝昭さん、西村早苗さんの3人は、何も知らないまま介護に突入し、つらい思いをしている。その点、かつてのまるちゃんと同様ではないだろうか。何の備えもない状態で突然介護がスタートし、相談できる人もなく、孤立していく。そして家族の病気に翻弄され、後悔を重ねているのだ。

まるちゃんは、介護を始めるにあたっての心構えについてこう言っている。

「どなたにとっても介護は突然始まるもので、まずは腹をくくるしかないんです。もし家

族で手分けできそうでも、誰かに頼る気持ちがあると、『〜してくれない』という気持ちがどこかで出てくる。とにかく『介護するのは自分や』という腹のくくり方をしないと続きません。そして、学び、情報を得ることも大切です」

実際、学んで実践すれば事態は好転する。認知症になった夫を介護し続けてきた戸牧一枝さんが、そのことを教えてくれた。

一枝さんは、「病院の言いなりになってしまった」と強く後悔した。たとえ相手が専門家であっても、人に言われるままではだめだ。自分から行動を起こさなければ何も変わらない――そう彼女は学んだのだ。

一枝さんは藁《わら》にもすがる思いで、西宮市社会福祉協議会が主宰する「認知症介護者の会」を訪ねた。そこで「さくらちゃん」を知り、さっそく講座に参加する。つどい場で多くの介護者の声を聞き、アルツハイマー病についても勉強した。

学び、情報を得てからの一枝さんは変わった。「精神科病院から夫を早く連れ出さなければ」と、特別養護老人ホーム（特養）を見学して回り、ここぞと思う特養に決めてからは、1日でも早く入所できるよう、相談員のもとに数え切れないほど足を運んだ。事情を話し、すぐにでも夫を病院から移してやりたい一心で手を尽くしたそうだ。

その1年後、何とか特養に入所できたものの、夫は体力がすっかり落ちて車イス生活になってしまった。入所後はさらに衰えていき、食欲が落ち、常に眠そうで、ゆすっても起きられない状態が続いた。話しかけても、うなずくだけになった。

この時点で、一枝さんが不審に思ったのが、夫が服用していた薬の量だった。

「体重が減り、動かない生活の高齢者でも、元気な成人男性と同量の薬が処方されているため、副作用が強く出ることがある」と、つどい場で耳にしていた。夫がこんなに衰えてしまったのは、薬が多すぎるからではないか。そう考えた一枝さんが施設側に尋ねてみると、入院中と同種、同量の薬が出されていることがわかった。

「薬が以前と同量なのはおかしい。また、その薬は本当に必要なものなのでしょうか。できることならやめてほしい」

一枝さんは施設の医師にこう申し出たという。結果、時間はかかったが薬は徐々に減らされ、最終的にはすべてやめることができた。

薬を減らすにつれて、夫は少しずつ元気を回復し、目の輝きもよみがえった。食べるものもミキサー食から刻み食へ、しまいには普通食を、ゆっくりとではあるが、自分で箸や茶碗を持って食べられるまでになった。

後悔をバネに、次への一歩を踏み出せたのだ。

前向きに、明るくいるために学ぶ

同じように薬で後悔し、その経験をうまく活かしたのが、西村早苗さんだ。

早苗さんはあるとき、施設に長期でショートステイを頼んだことがある。すると施設側は、精神科を受診することを条件としてきた。認知症の夫が施設で混乱して暴言などが出る前に、精神安定剤を飲んでおとなしくしてもらおうという算段だったようだ。

早苗さんは精神安定剤を服用させたくなかった。以前も長期でショートステイを頼んだことがあったが、その際に施設側が家族に無断で精神安定剤を使ったところ、

「夫は動くことも意思表示もできなくなったんです。当時、杖をつけばトイレまで歩けていた夫が寝たままになり、声をかけてもボーッとして視線が合わなくなった。起こしてもベッドに座っていられない状態でした。だから、薬は使いたくないと伝えました」

施設側からは、きちんと説明したいので早苗さん宅に伺いたいという返事が来た。そこで早苗さんはまるちゃんに相談し、応援にかけつけてくれた介護仲間5〜6人とともに、

「さくらちゃん」で施設職員と会うことにした。

「私はなぜ薬が不要なのかを説明して、頑として譲りませんでした。施設側もこちらの勢いに押されたのか、服用しない条件で預かってもらうことになりました」

双方の仲介をするはずのケアマネジャーも参加していたが、話し合いでは完全に施設側に立っていた。早苗さんは後日、ケアマネに「失望しました」と伝え、辞めてもらったという。

「泣き寝入りしないで、こちらの言い分は屈せずにきちんと伝えなければいけない。これは『さくらちゃん』で学んだこと。家族が伝えなければ、本人は言えませんから」

介護が始まった当初というのは、どんな人にとっても不安な時期だろう。家計のこと、仕事のこと、家族のことなど、考えねばならないことだらけだ。加えて親やパートナーの病気、あるいは介護すること自体を受容するのも、そう簡単ではない。

だからこそ、まるちゃんがいうように知識や情報が必要なのだろう。ほかの人に相談したり、その話に耳を傾けることで自分を客観的に見るきっかけができるうえ、知識や情報は介護の方針を決める力になる。

少しでも後悔を減らすために「学ぶ」。少しでも前向きに、少しでも明るい気持ちで介護できるように、そして、本人も介護者も元気になるために情報を得る必要があるわけだ。

第2章

どこで介護を受ければいいのか

「家か施設か」の選択で後悔すること①

介護が始まると、多くの人は「自宅」と「施設」のいずれで介護をするか（してもらうか）という選択を迫られることになる。要介護度や各家庭の事情など、いろいろな条件を考慮する必要があるため、一概にどちらがいいとは言えないが、少なくとも介護施設について知っておいて損はなさそうだ。ところが一口に「施設」といっても、日本のそれは驚くほどややこしいのである。

最近は、介護保険制度や施設選びをテーマとする本がたくさん出版されるようになった。インターネット上にも情報があふれている。詳細はそれらにゆずるとして、本書では分類と概要だけ簡単に振り返っておきたい。

まず、介護保険制度上の施設サービスは次の3種類だけだ。

・介護老人福祉施設（特養）
・介護老人保健施設（老健）
・介護療養型医療施設（介護療養病床）

それぞれの概要は左の表1にまとめた。が、もちろんこれらだけが介護が必要な人の住まいというわけではない。この3施設以外で代表的なのは、次に挙げる3つである（詳しくは後掲する表2を参照）。

表１　介護保険制度上の施設

●介護老人福祉施設（特養※）
常に介護が必要で、在宅生活が困難な65歳以上の高齢者（原則として要介護３以上）が対象。入浴や排泄、食事などの日常生活の世話をはじめ、機能訓練や健康管理、療養上の世話が受けられる

●介護老人保健施設（老健）
病状は安定しているが、まだ専門的な機能回復訓練（リハビリ）を必要とする要介護１以上の高齢者が対象。家庭への復帰を目指して、リハビリを中心に日常的な看護・介護サービスが提供される

●介護療養型医療施設（介護療養病床）
長期療養を必要とする要介護１以上の高齢者が対象。医学的管理のもとで介護や医療が受けられる。おもに医療法人が運営している。介護保険制度の改正により2018年４月以降「介護医療院」へと転換されていく見込み

※「特別養護老人ホーム」と呼ばれることが多いためこの略称となる

・有料老人ホーム（有料ホーム）
・サービス付き高齢者向け住宅（サ高住）
・認知症対応型共同生活介護（グループホーム）
ほかに、ケアハウス（軽費老人ホーム）などもあるが、長くなるのでこのあたりでやめておこう。

1つだけ補足すると、デイサービス（日中、要支援者や要介護者を預けられる所）やデイケア（通いでリハビリを受けられる所）など、利用者が出向いて受ける介護サービス（通所サービス）の事業所は、介護関係者の間では「施設」とは呼ばれない。たとえ外見が同じような建物であっても、である。ちなみに、1つの建物内で施設サービスと通所サービス両方を行っている所もあるので、いよいよややこしくなる。

以上のように、介護施設の分類はかなり複雑だ。しかし、分類が理解できたとしても、各施設・事業所の中で行われているケアが本当に要介護者本人に合っているのかどうかは、わからない。それが介護者の苦労の元となっているのだろう。今回私は、特養、老健、有料ホームを選んだ人たちに取材したが、どの介護者も施設選びに苦労し、よくよく選んで入所しても、大なり小なり後悔を抱えている点では共通していた。

表２　その他の代表的な高齢者の住まい

●有料老人ホーム（有料ホーム）

一般に60歳以上が対象。介護サービス付きの「介護付」、生活支援サービス付きの「住宅型」、食事などのサービスが付く「健康型」に分けられる。介護が必要になれば、住宅型では外部サービスを利用し、健康型は退去となる

●サービス付き高齢者向け住宅（サ高住）

60歳以上の高齢者と要介護・要支援の認定を受けた60歳未満の人が対象で、多くは賃貸契約。サービスとして事業者に提供が義務づけられているのは「安否確認」と「生活相談」のみで、身体介助や生活援助などは外部サービスを利用するのが一般的である

●認知症対応型共同生活介護（グループホーム）

認知症によって家庭での生活が困難になった要支援２以上の高齢者が対象。「ユニット」と呼ばれる５～９人程度のまとまりで、家庭に近い環境のもと、介護職員のサポートを受けながら共同生活をする

表１、２とも全国老人福祉施設協議会、全国老人保健施設協会、厚生労働省などのウェブサイトをもとにまとめた

「寝たきりになる前に連れ出さなきゃ」

「私が義母を在宅介護するなんて、最初は考えてもいませんでした」

アルツハイマー病とパーキンソン病を併発し、要介護5となった義母（享年89）を在宅で看取った久里須紀子さん（仮名・48歳）。有料ホームで行われているケアに幻滅し、やむなく在宅介護に切り替えたことが今でも信じられない——そんな様子で自分の体験を語ってくれた。

義父母は夫婦2人暮らしだったが、義母が突然、認知症を発症し、少し遠くにあるグループホームへ入所していた。ところが今度は義父が体調を崩してしまい、紀子さん夫婦が義母の世話に通うことに。だが、遠くて不便なため、近くでいいホームを探そうということになったのである。

一人息子である夫といくつもの施設を見学して歩き、最終的に決めたのが近所にできた介護付有料老人ホームだった。決め手となったのは、経営陣に医師が名を連ねていたこと。入居一時金300万円、月26万円と入居費は高額だったが、それだけに十分なケアをしてもらえるだろうと思われた。

入所は2005年。紀子さんが思い描いていたのは、真新しいホームに入った義母が笑顔の介護職員に囲まれ、サポートしてもらいながら楽しく暮らしている光景だった。ところが、現実は想像と大違い。ケアの内容があまりにお粗末で、すぐに不手際が見え始めたのである。

あるときはホームから、義母が転んで額を切り2針縫った、という報告があった。夜中に義母が居室を出て歩いていたので、職員が手を引いて部屋に連れ戻そうとしたところ、義母がしきりに払いのける動作をくり返したそうだ。そのはずみでバランスを崩し、転倒したのだという。

またあるとき、「排泄物を壁になすりつけるので困る。クリーニング代を払ってほしい」とホームから請求が来たこともある。しかしこれにも事情があった。義母はオムツを使っていたが、排便すると重みでオムツがひざあたりまで垂れ下がる。垂れ下がったままでは不快だから、便を取り除こうとする。その便が手について取れないので、壁にこすりつけて落とそうとしたのだ。

「義母を見ていると、排便したいときの様子はわかるんです。特に食後はそう。でも言葉で伝えられないので放っておかれる。それもあって、『食後にトイレに連れていってもらえたら、そんなことはしない』で通して支払いませんでした。ほかにも、必要な薬の飲ませ忘れがあったりと、基本的なことが疎《おろそ》かにされていたんです。信じられないでしょう」

その一方で、スタッフが何事も手早く済まそうと、本人ができることまでサポートしてしまう。確かに、食事や歯みがきといった日常の行為はスタッフが介助すれば早く済むのだが、そのせいで義母は自力でできていた身の回りのことが徐々にできなくなっていった。次第に太り、足腰が弱って、話しかけても反応が鈍くなっていく。

「初めは、このホームを信じていたのですが、そのうち不信感を抱くようになって、ここに決めたことを本当に後悔しました。同時に頭をよぎったのが、義母が寝たきりになる前に早く連れ出さなきゃという思いです」

紀子さんは義母が有料ホームから出たときのことを考え、近くの病院をまわって、主治医として頼りになりそうな医師を探した。そのなかで、義母を連れ、ある医大の付属病院へ行ったときのことだ。

外来の医師は、認知症の権威といわれる人物だった。ところが「きょうは何でいらしたんですか？」という質問に、「今、義母はアルツハイマーで施設にいるんですが、今後のためにも一度診察をしていただきたくて」と答えるやいなや……。

「アルツハイマーの人に治療があると思ってるんですか？　悪いけど、なったらなりっぱなしですよ」

「あんたねえ、意気込む気持ちはわかります。今、有料老人ホームに入ってるんなら、そこにお世話になって、お金で解決しなさい」

「この病気の人と関わったら、あなたの体が壊れますよ」

と、数人の研修医の前で、立て続けに「心ない言葉」を浴びせられたのだ。

紀子さんは、このときのことを思い出すと、今も怒りが込み上げてくるという。

「本当にショックで、大学病院に行ったことを後悔しました。私って正義感が強いでしょ！　だから、その場で『この人（義母）を守るのは私しかいない』と思いました」

ここで紀子さんは、「義母を人間らしく介護するには、もう在宅介護しかない」と思いながらも、心は大きく揺れる。

〈本当に自分が義母を看ることができるのだろうか……〉

そう悩んでいたころに紹介されたのが、「つどい場さくらちゃん」だった。

参加してみると、そこで母親を1人で10年近く在宅介護する女性の存在を知り、自分にもできるかもしれないと背中を押された。また、信頼できる在宅医を紹介してもらうことができ、紀子さんは大きな後ろ盾を得た思いだった。

「もし問題が起きても、『さくらちゃん』に行けばいつでも相談できるんや」

そう自分に言い聞かせ、義母をホームから出すことを決意。春には仕事を辞めて、在宅介護に踏み切った。義母はおよそ5年間にわたる在宅療養の末、89歳で穏やかに天寿を全うしたという。

後悔8 「夫と離婚してしまった」

紀子さんと同じように、親を施設に預けて後悔したと言うのは高田恵子さん（仮名・52歳）である。希望する特養から入所案内が届くまで10年も待った挙げ句のことだ。

恵子さんは幼稚園教諭だった。結婚し1児を出産、子育ても一段落ついて、これから仕事に集中できるという時期に母が認知症（当時は痴呆症と呼ばれていた）を発症した。恵子さんはまだ40代前半、介護保険制度ができて間もない2000年のことだった。

「まだ『認知症』という言葉もないころ。私も若くて、子育てに仕事、家事といろんなことが重なったなかでの介護でした。最初のころ、母は見た目はしっかりしていても〝まだらボケ〟で、話す相手によって言うことが違う状態。母と周囲の小さないざこざが絶えず、私まで周りの人たちから白い目で見られ、すごく孤独でした」

徐々に介護に手が取られるようになり、夫との歯車がかみ合わなくなっていく。

大切な母の介護の手は抜きたくないのだが、天職と思っていた仕事も続けたい。ヘルパーにサポートを頼みたかったが、夫は他人が家に入るのを嫌がった。結局、仕事がいちばん充実している時期に仕事を辞めざるを得なくなる。

「本当にくやしかったです。母の介護と仕事を天秤にはかけたくなかったけれど、もっともつらい選択でした」

それでも、恵子さんは何もかも犠牲にはできず、補助の保育士として週3回は働いていたという。

その一方で、夫との溝は深まるばかりだった。介護のため夫と話し合う時間も取れず、一人息子のことは気にかかったが、離婚は避けられなかった。

「とても優しい人だったので、できたら離婚はしたくなかった。今から考えると後悔のひとつ。もう少し気持ちに余裕があったら、けんか腰にならないでゆっくり話し合えたでし

ようにね」

離婚し、仕事も介護も恵子さん1人の肩にかかることになったとき、不安になって申し込んだのが、ある特養だった。ちょうど近所にあり、メディアでも優良施設として話題になっていた。しかし、「すぐには入れない」という返事。

「もう途方に暮れました。友だちに相談しても、まだみんな若くて介護のつらさなんか理解してもらえない。精神的にいっぱいいっぱいでしたね」

土日以外は、週5日デイサービスを利用してなんとか乗り切った。

それでも朝、母をデイサービスに送り出し、遅めに出勤すると、どんなにやりくりしても、帰宅が夜7時になってしまう。ところが、デイサービスは朝9時から夕方5時までしか母を看てくれない。送迎の職員は、母を毎回、家のベッドに寝かせるところまで面倒を見てくれるなど協力的だったが、それでも5時から7時の2時間は母が1人になる。恵子さんはその2時間が心配でたまらなかった。まさに綱渡り介護である。

なんとか母を1人にする時間をなくすため、母の介護に合わせて何度仕事を替わったかわからない。唯一続けられたのが、登録制のベビーシッターだった。

「助けられたのは、母がいつもよく笑い、よく食べるやりやすい人だったこと。そして、安心できる介護スタッフや在宅医に見守ってもらっていたことですね」

後悔9 「施設で母がどんどん衰弱した」

時は流れ、離婚から10年がたった。母の認知症は進行していたが、恵子さんは親切なヘルパーや介護職員に支えられ、何とか在宅介護を続けることができた。そして同居していた息子が独立し、母と2人きりで住むことになったころである。以前、申し込んでいた特養から突然、入所決定の通知書が舞い込んできた。

ホッとした反面、恵子さんには不安もあったという。在宅医から「お母さんにとっては住み慣れた家がいちばん生活しやすい場所だ」と聞かされていたからだ。だが恵子さんは、自分のやっている介護でいいのかという思いが拭えなかった。

「『素人の介護では、かえって母に負担をかけているんじゃないか』という思いがずっとありました」

迷いに迷った。

「どれだけ悩んだかわからない。でも、母を夕方1人にしなくていいし、私も膝痛や腰痛があってトイレの介助が限界にきていて、もうにっちもさっちも行かない状態でした」

葛藤の末、母を預ける決意をしたのが2012年のことである。だが、結局は後悔することになった。

「評判のいい特養だったので、いいサービスが受けられると思い込んでいたんです。でも、入所して数日で母の様子が変わっていきました」

特養は家の近所にあったので、恵子さんは仕事帰りに立ち寄るようにしていたが、そこで行われていたケアは十分とは言い難いものだった。オムツ交換は時間制で、臭っていても替えてもらえない。入所者のなかでも、母のように認知症で意思表示ができない人や、おとなしい人は何事も後回し。介助が行き届かないためか、ご飯も十分に食べられていない様子がみられた。しかも、職員に話しかけてももらえず、母は座ったままボーッとしているばかりだった。やがて、

「いつも笑っていた母の顔から表情がなくなって、衰弱していきました」

恵子さんは特養に入れたことを後悔し、入所から数週間で母を自宅に連れ戻したが、このときは施設側の強い要望もあり、1週間悩んだ挙げ句、母を施設に帰した。とはいえ、すべて職員任せにしてはだめだと考えた恵子さんは、3度の食事時間には必ず介助に通う

ことに決めたのだった。

後悔10 「家で看ておきたかった」

それから多少の波風はあったが、どうにか施設での生活が軌道にのってきた矢先、早朝に特養から電話が入った。

「お母さんの様子がおかしいので、すぐお越しください」

1～2分で駆けつけたのだが、もう母には意識がない状態だった。

前夜、「また明日の朝ね。明日は弟も来るよ」と話しかけると、母は恵子さんの手を握ってニコッと微笑んでくれた。それなのに――。

入所からわずか4ヵ月。

「腹部動脈瘤破裂だと言われても、わけがわからない。あんなに元気だった母がこんなに急に亡くなることがあるんでしょうか？」

恵子さんは、後悔で押しつぶされそうになった。

〈なんで施設に入れてしまったんだろう〉

〈こんなに早く亡くなるんだったら、家で看ておきたかった〉

〈意識のあるうちに立ち会いたかった〉

でも、もうどうすることもできない。

母の旅立ちから6年。今も街中で車イスのお年寄りに出会うと、思い出して涙ぐむ。

「母の死後は施設に入れたことをすごく後悔しました。でも今、振り返ると、施設に入れたことが間違っていたかどうかはわかりません。自分の体も限界にきていたし、仕事もしないと食べていけなかったから」

介護の「目に見えない縛り」

久里須さんや高田さんのように親を施設に入れて後悔する人もいれば、在宅介護から施設介護に切り替えて、風向きがいいほうに変わったという人もいる。第1章で紹介した山内輝昭さんだ。

山内さんは、「自分が介護するんだ」と腹をくくって以来、脳出血で片マヒとなった妻を在宅で15年もの間介護してきた。

本格的に介護に取り組むにあたって山内さんが最初にしたのは、家のリフォームだった。体に不自由がある妻が、少しでも暮らしやすくなるようにと考えてのことである。

「体に残った能力を少しでも活かしてほしくて、トイレやお風呂に手すりを付け、自力で動けるような環境にしました」

そのしばらく後には、妻が少しでも心地よく過ごせることを願って、一年中、庭の花が見られる現在の住まいに引っ越しもした。しかし、妻は介護される生活にどうしても前向きになれなかった。

それでも山内さんは、

「失った機能を悲しんでばかりいたらつらいだけ。日常の生活で少しでもできることがあれば、それを一緒に喜ぼう」

と励ました。週に1度は2人でスーパーへ行き、旬の野菜や果物を見て妻が季節を感じられるようにした。好きなものを買ってきて、一緒に料理をしたこともある。かぼちゃを切って煮ることができれば、

「ほらできた。一緒に喜んだらいいやろう」

と妻に語りかけた。でも、妻はできたことよりも、できないことを悔やむばかり。なか

なか立ち直れず、自宅では夫に不満を訴えることが多かった。

そうした介護生活の中で、山内さんがいちばんつらかったのは、いつも束縛されている感じがあったことだ。

「料理や洗濯、掃除、排泄の世話など、自分の体を動かしてこなす作業は、慣れてくれば大したことやない。でも、目に見えない縛りからは逃げることができないんです」

仕事がもっとも充実しているときに始まった介護だ。仕事は自分の手でコントロールすることもできるが、介護は自分の思いどおりにいかないことばかり。

「『なんでこんな世界にはまり込んだんやろう』と思った。先行きの見えない妻の病気に対する不安もあった。妻はどんどん閉鎖的になっていき、私の『前向きになってほしい』という気持ちなどまったく伝わりませんでした」

後悔11 「無理なリハビリをさせてしまった」

やがて妻は歩くのが困難になり、トイレにすら行けなくなった。山内さんの苛立ちはふくらみ、妻に厳しい目標を押しつけるようになっていく。

少しでも近くで用が足せるようにと、ベッドの横にポータブルトイレを置いた。左片マヒの妻はベッドからトイレに移る際に、どうしてもすき間にずり落ちることがあるのだが、必ず左側から転んでアザになる。それでも妻のためと思いながら、自力で移動するように励ました。

「『あきらめたらすべてがストップしてしまう。生活そのものが変わってしまうんやから、頑張らなあかん』と思い込んでいました」

それが誤解のもとになったこともある。デイサービスで入浴を担当する職員がアザを見て、虐待を疑ったのだ。妻も自分に同情してほしくて、夫を悪者にしていたそうだ。

「『何でも自分でやらなあかん。料理も私が教えなあかんし、買い物も私が指示しないと夫は何もできない』などとしゃべってたみたいです。まあ、それが男性介護のつらいところですよ」

もちろん山内さんには、妻をいじめる気などない。リハビリになればと思ってやっていたにすぎない。少しでも体が動くようになれば、本人の気持ちも前向きになると考えてのことだ。

山内さんが妻に自力でトイレに行くよう促していたのには、もう1つ理由があった。肉体的にも精神的にも在宅介護に限界を感じ始めていた山内さんは、以前から「自力でトイレに行けなくなった段階で、施設介護に切り替えてもいいか？」という相談を妻にして、了解を得ていたからだ。山内さんは妻を自宅で暮らさせたかった。だからリハビリを促していたのである。

だが、本人がどこまで頑張ろうと思っているのか、どこからが苦痛なのか、その境目にまでは気づけなかった。リハビリはいつしか、仕事上の達成目標のようになっていた。

「妻のためにと何でも自力で頑張らせたことが、負担になっていたこともあったはず。渦中ではそれを感じることができなかった。後になって、妻にノルマを押しつけてしまったことをずいぶん後悔しました」

日々介護に明け暮れる中で、妻のしんどさを思いやる余裕などなかったのだろう。

48歳で妻の介護を始めて15年、山内さんも60歳を超え、介護疲れはピークに達していた。食事や洗濯、掃除など昼間の世話はまだ頑張れる。しかし次第に、夜中に何度も起きて排泄の介助をするのは無理だと感じるようになっていた。体力の限界と、「自分が妻を介護するんだ」という責任感、その板挟みに苦しんだが、最終的には施設介護に切り替える決断をしたという。

妻が自力で用を足せなくなったのを機に、約束どおり、山内さんは妻とともにいくつかの施設を見学して回った。そして、在宅介護開始から16年目にあたる２００９年、まず老健に入所。その後、いくつかの施設を経て２０１２年に、入所先を探し始めた時点で申し込んでいた特養に移った。

「それが大きく風向きを変えてくれました」

閉じこもって不満ばかり訴えていた妻が、人とのふれ合いが増えたことで精神的に落ち着けたのだという。

「妻は、施設でいろんな人の話を聞き、自分よりも重い障害で困っている人がいっぱいいることを知ったんです。自分の不幸を悲しむだけではなく、人への気遣いもできるようになった。世界が広がったのがよかったようです」

それでも、体の不自由な妻にノルマを押しつけていた後悔は、今も頭から離れない。

後悔12
「とんでもない老健に預けてしまった」

しかし山内さんは、納得できる特養に行き着くまでに、いくつかの施設で苦い思いをせねばならなかった。

まず最初に入所した老健では、入った時点から不信感を抱いたそうだ。

妻には長年服用していた薬があったが、山内さんはそれが合わないと感じていた。そこで入所にあたって、医師でもある施設長に「ほかの薬に替えてほしい」と頼んだという。ところが施設長の口から出た言葉は、

「そんなことは知りません」

という信じられない返事だった。

「薬についてケアするつもりはないことを知って、とんでもない所に来たなあと後悔しました」

食事介助のときも驚かされた。40〜50人の利用者に対して世話をする職員がわずか1人という有り様だったのだ。

また、職員の態度にあきれたこともある。ある日、妻の面会に訪れると、トイレの前で若い女性職員が腕組みをして声を荒らげていた。そこにあったのは妻の姿だ。

「山内さん、昨日あんだけ教えてできるようになったのに、今日はなんでできひんの！なんでそんなんばっかりしてんの！」

すぐそばではほかの職員が、そんなことなどお構いなしにゲラゲラと談笑している。

「こんな所にいたら妻はだめになる。1日も早くここを出なければ」

この老健を選んだことを後悔した山内さんは、その場で小言を言っても職員の反感を買うだけだと判断し、ケアマネジャーに苦情を伝えてほかの老健を紹介してもらえないかと頼んだ。

ケアマネは丁重に謝ったが、「自信をもって勧められる施設はないので、自分の目で確かめて探してほしい」と言うばかりだった。

そこで、今度は自力で自宅近くに別の老健を見つけ、相談員に事情を話して1週間後になんとか入れてもらうことができた。

しかし、案内されたのは1ヵ月27万5000円もかかる個室。半年がまんして、4人部屋に替えてもらえないかと頼んだところ、頼んだ2週間後には4人部屋に替わることができたが、移って4日後にはもう「次の施設を探しておいてくださいよ」と告げられた。個室なら長期間入れるが、4人部屋は3ヵ月、長くて6ヵ月で退所を迫られることを知った。

「次の老健を探すのに、10ヵ所ほど打診してやっと入れました」

と同時に、施設に妻を預ける決心をした当初に申し込んでいた特養に改めて連絡を取ってみた。今後、いつごろ入れるのか問い合わせておきたかったのだ。すると、返ってきたのはこんな思いがけない言葉だった。

「お宅は介護できるご主人がそばにいはるんで、特養入所の基準を満たしていません。選考対象には入っていませんよ」

そこで、「妻は要介護3から4になり、自分もいろいろな病気を抱えていて困っている」などと事情を話したところ、相談員の対応はがらりと変わり、1ヵ月後には入所の案内が届いた。それが妻が最終的に落ち着けた特養だ。

「特養の選考条件は実に曖昧《あいまい》模糊《もこ》としている。こちらの苦しい現状を訴えて、何とか入れてほしいと頼むと特養サイドも考えてくれるんです」

妻が特養に移ってからは、できる範囲で面会に通っているという山内さん。妻を車イスで外に連れ出し、一緒にスーパーなどへ買い物に行くこともあるという。

いろいろな施設に出入りして後悔を重ねた山内さんだが、学んだことは大きいと話す。それは「介護者家族と施設の関わり方」だ。このテーマについては、章をあらためてもう少し探ってみたい。

第3章

施設との上手な付き合い方

「家か施設か」の選択で後悔すること②

家族の体験談を聞く限りでは、施設で行われるケアの不十分さが後悔のもととなっているといえそうだが、では介護職の側はこうした出来事についてどう考えているのだろうか。私は、前章で登場した人たちが経験したトラブル（転倒、放置……など）のエピソードを個人が特定できないよう注意して要約し、介護職や介護業界をよく知る関係者数名に簡単なアンケートを行い、一部の人にはさらに対面して話を聞いてみた。

限られた範囲での調査なので安易に断定はできないが、結果を見る限り、施設側の落度を完全に否定するのは難しいようだ。たとえば、居室を出歩くお年寄りの転倒事故については、「誘導の仕方が下手だったのではないか」と未熟さを指摘する介護職もいれば、事後報告にしたことを「過失」と言い切る人もいた。

その一方、不可抗力ともいえる問題があることもわかった。たとえば老健は、介護保険制度上は在宅復帰を目指して一時的に入所する施設と位置づけられているので、回復して、家庭で面倒を見ることができれば退所するのが本来の姿なのだ。前章に登場した山内輝昭さんは、たらい回しにされたように見えるかもしれないが、そうとも言い切れない面があるわけだ。

また、入所した人が「放っておかれる」「話しかけてもらえない」「ケアが行き届いていない」という点については、アンケートに協力してくれた人のほぼすべてが、「人手不足で、個別にケアするのは難しい」と答えた。

人材不足は介護現場では大きな問題になっている。1万7000ヵ所以上の介護事業所を対象とした「介護労働実態調査」（平成28年度）によれば、回答した事業所の6割以上が人手不足だと感じていたそうだ。また、介護事業を運営するうえでの問題点として、

・「良質な人材の確保」をあげた事業所が55・3％

・「今の介護報酬では人材確保・定着のための十分な賃金が払えない」をあげた事業所が50・9％

と過半を占めている（複数回答）。人手不足は今に始まった話ではない。次ページに掲載した図1のとおり、10年前からほぼ慢性化してしまっている。2025年度には介護職が約37万人不足するという厚生労働省の試算もある。国は職員の賃上げに加え、一度辞めた職員の復帰の仕組みづくりなどの対策を始めているが、こうした制度的・社会的問題は、個々の施設や個人のレベルで解決できるものではない。

もちろん、現場が何も対策を講じていないわけではない。たとえば居室への誘導については、「高齢者が手を払いのけようとしたところで少し距離をおくなど、転倒させない配

図1　従業員の不足感の経年変化

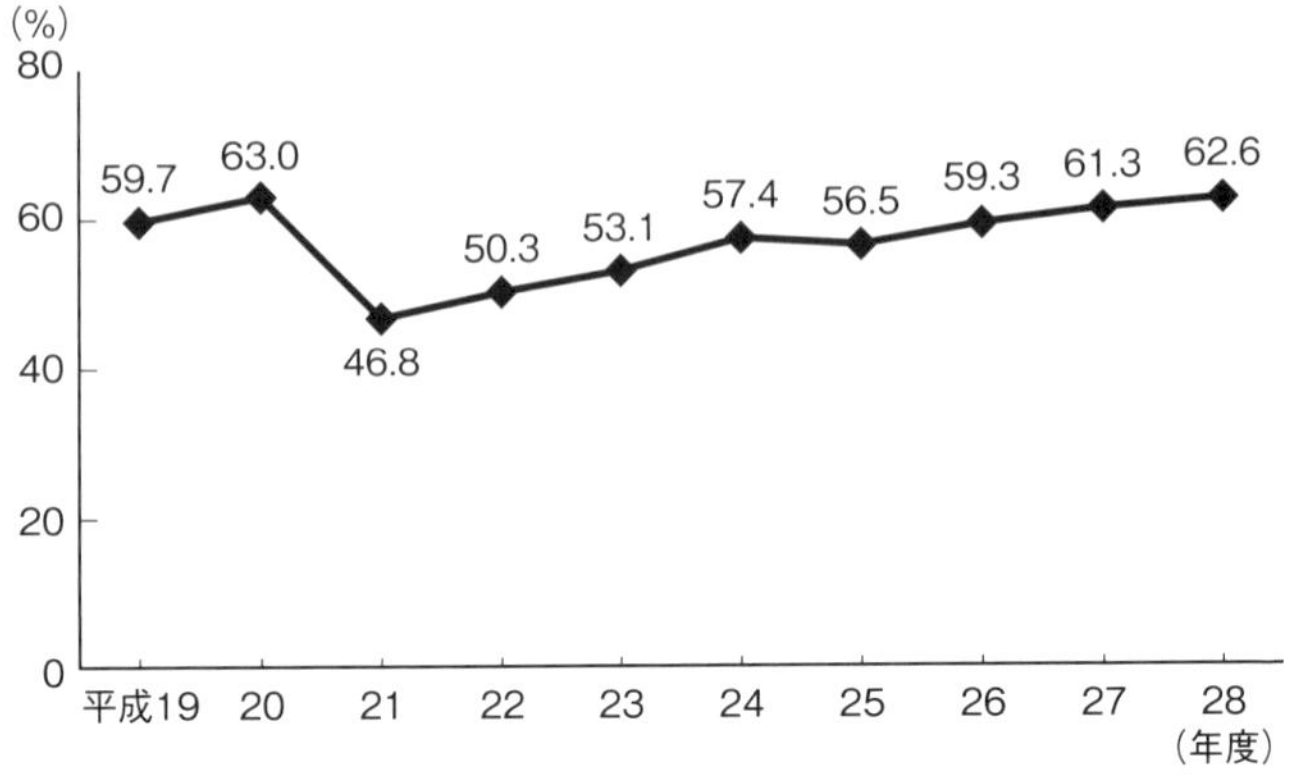

公益財団法人介護労働安定センター「介護労働実態調査」（平成28年度）より。
従業員が「大いに不足／不足／やや不足」していると答えた事業所の割合の合計

慮はできる」という提案をしてくれた人がいた。

要介護者が放っておかれるという点については、「気がつく職員は気をつけて声かけする場合もある」という。集団レクリエーションを導入し、少数の職員で多数のお年寄りを楽しませる工夫をしている所もあると聞いた。施設によっては社内賞を設けて士気を高めるなど、職員の育成に積極的なところもあるそうだ。

さらに、施設に入りにくいという問題については、「地域差はあるが、介護者が病気になったり、1人暮らしが困難になったり、あるいは入所の緊急性が高まったりすると優先的に入れるケースが多い」と教えてくれた介護職もいた。特養だけに絞らなければ、さまざまな選択肢があることにも注意したい（前章冒頭の表1、2を参照）。

さまざまな制約のなか、何とかケアの質を高めようと努力している現場もあるのは間違いない。そうした熱心な施設に巡り会える可能性は誰にでもあるような気がするのだが、どうなのだろう。後悔のない施設選びは可能なのか。

後悔13 「家で介護したほうがよかったのか」

「数多くの介護相談でもっとも多いのが、自宅か施設かで迷い、施設に入って後悔する人。施設で満足できる所は少ないんです」

こう語るのは、毎日多くの人からさまざまな介護相談を受ける、ベテランケアマネジャーの森順子さんである。

森さんは、神戸市の「生活協同組合コープこうべ在宅介護サービス」でケアマネジャーやヘルパーの教育指導にあたりつつ、自身も現場で働いている。病院の看護師をスタートに、宝塚市役所で看護師として在宅介護の訪問指導にあたるなど、これまで40年、数え切れないほどの介護家族と接してきた。そんなプロが手伝っても、施設選びは難しいのだという。

たとえば、体力が衰えて1人暮らしが難しくなり、森さんが紹介した複数の施設に体験入所した80代の女性。慎重に選んで納得ずくで入所したものの、半年ほどすると「家に帰りたい、どうしたらいいの？」と定期的に森さんに電話が入るようになった。

あるいは、妻の死後、息子家族と同居した90代の男性。息子夫婦と折り合いが悪くなり、自ら進んで自宅を売却、気に入った施設に入った。しかし、森さんに「もう家に帰りたい」と連絡してくる。

そうかと思うと、別のケースでは家族が「家に連れて帰りたい」と希望することもある。みな納得して選んだのに、後悔しているわけだ。こうした家族や本人からの相談はあとを絶たないという。

実は、森さん自身も後悔する一人だ。彼女は今、故郷・宮崎で母を施設に預けている。

「1人暮らしはもう無理やから、私の所（関西）か、弟の家（関東）に来ない？」

母が78歳で脳梗塞を起こし、退院が決まったとき、森さんはこう言って一緒に暮らそうと誘った。

しかし、母は住み慣れた実家で暮らしたいと、きっぱり断った。森さんは、「そういう気持ちだったら、できるだけの介護サービスを入れるから、リハビリを頑張ってね」と応じ、こうして遠距離介護が始まった。

それから3年間、母は1人で生活しながらリハビリに励んだ。実家の近くに住む叔母（母の妹）2人と、近所の人たちのサポートがあったからこそ実現したことだという。森さん自身は仕事があり、たびたび宮崎に帰るわけにはいかないため、母に毎日電話してコミュニケーションをとるよう心がけた。

だが81歳を過ぎたころから、母は体力がめっきり落ちてトイレを失敗することが増え、薬も1人で飲めなくなった。そのとき、森さんはもう一度確認した。

「今度こそ、私たちの所へ来ない？」

だが、母に故郷を離れる気はまったくなかった。「それだったら地元の施設に入るしかない」ということで何度も話し合い、82歳になった年、母は自ら地域に1つしかない特養への入所を決めた。

「本当は私もつらかったのですが、母の自己決定を尊重しました」

以来、森さんは年に2回、お盆とお正月には帰省し、母を実家に連れ帰って5日ほど一緒に暮らす生活を続けている。実家で介助にあたるのはもちろん、森さん自身だ。

「夜中のトイレ介助も、毎日の入浴介助も、自分自身が介護のプロでありながら母を施設に入れてしまったことの罪滅ぼしでやってるんです」

その楽しい実家での暮らしを終えて施設に戻る日、母は必ずこう言うそうだ。

「もう施設に帰るの？」

「ああ、家にいたいなあ」

そのたびに森さんは必ず、「本当にこれでよかったのかなあ」と後悔する。介護のプロでさえこうなのである。

介護施設では管理化が進んでいる

なぜ、納得して入所しても、「家に帰りたい」となるのだろう。

興味深い話をしてくれたのが、長尾クリニック（兵庫県尼崎市）の長尾和宏院長だ。在宅医療に積極的に取り組む長尾医師は、「在宅療養の最大の利点は、自由であること」と話す。

家ではすべてが自由である。いつでもどこへでも自由に移動でき、自由に食べられ、自由に排泄できる。自由に趣味を楽しめ、好きなことが何でもできる。人目を気にすることなく、伸び伸びと過ごせる場なのである。

では、施設はどうだろう。サポートしてもらえるという安心感はあっても、起きる時間、寝る時間、薬の時間、食事の時間、散歩の時間など、日課はすべて施設側に決められてしまう。好きなときに好きな場所に行けるといった移動の自由がなく、あらゆる行動に制約があるのだ。

もちろん施設の側には、お年寄りの行動を制限せざるを得ない事情があろう。先に挙げた人手不足などはそうかもしれない。少ないスタッフで多くの要介護者を看ざるを得ない。ケガや事故が起こっては困るし、家族の目も厳しい。だからできるだけ集団行動をとってもらいたいし、勝手なことをされては困る——そんな発想が生まれてもおかしくはない。

長尾医師は「介護保険が始まって以来、介護施設では年々、管理化が進んでいる」と言う。病院での医師と患者のような、「管理する／される」という関係のもとでは、介護する側と介護される側に上下関係ができてしまう。そして施設側は次第に「上から目線」になり、お年寄りは窮屈な思いをするようになっていく。

常に見られ、管理されていては、たとえお年寄りでなくてもたまったものではないだろう。そんなふうに自由が奪われれば誰だって、「ああ、家に帰りたい」となるのではないだろうか。加えて、施設に入るということは、家族と離れて見知らぬ他人の中で暮らすことでもある。落ち着けなくて当然だ。

こうして施設生活にうんざりしたお年寄りが「家に帰りたい」と言い出せば、その言葉を耳にした心ある介護者は、当然後悔することになるだろう。家族なら、本人の思いを感じ取って「家に帰したい」と考えたとしても無理はない。

高齢者本人を第一に考える

だが、現実問題として、在宅介護が困難になった場合は、施設に頼らざるを得ない。少しでも後悔を減らすためには、どうすればいいのだろうか。

東京都で介護施設の総合ケアアドバイザーを務める鳥海房枝さんは、

「入所はほとんどが介護する家族の都合です。お年寄りは、その人なりに何とか折り合い

をつけて施設で暮らしていこうと、悲しいまでに順応しようとされる」

と、入所者の立場から現状を語る。

鳥海さんは以前、「特別養護老人ホーム・清水坂あじさい荘」（東京都北区）の副施設長として、身体拘束に頼らない介護に取り組み、常に入所者主体のケアを行ってきた人だ。その経験から、現場の問題として家族・施設スタッフ間のコミュニケーション不足を指摘する。

「今の介護職は、家族に言われたことを受け止めるのが下手。家族からの意見も、すぐにクレームと受け取ってしまいがちです。介護職も家族も、どちらも『自分が被害者だ』と思ってるんじゃないでしょうか」

そうならないために、鳥海さんはこう提言する。

「家族も施設側も互いにもっと歩み寄るべきです。お互いに譲り合い、上手に相手の話を聞く姿勢をもつこと。それに加え、入所者本人がどうあるべきなのかをともに考えるというスタンスが必要ではないでしょうか」

家族の側が「すべて施設にやってもらって当たり前」という姿勢では、職員とのコミュニケーションもスムーズにはいかないだろう。

同じく「介護を受ける本人を中心に、対立しない関係をつくっていこう」というのが、従来の施設のあり方に疑問を抱き、愛媛県松山市で託老所「あんき」を開設した中矢暁美さんだ。

中矢さんの介護職としての原点は「こんなとき、自分の親だったらどうするか」と考えてみることだという。運営する「あんき」でも、常に入所者の立場を重視してきた。

「いい施設の条件とは、建物がきれいとか、スタッフの言葉遣いが丁寧とかじゃない。本人を第一に考え、言いたいことが言える風通しのよさですよ。今は家族が介護保険に頼りすぎ。そうじゃなくて、施設に入る本人が幸せになるにはどうしたらいいかを、介護職も家族も一緒に考えていく、そういう視点が欠けてるんじゃないでしょうか」

そんな中矢さんが家族にいつも伝えるのは、「家族にしかない愛情がある。できるだけ施設の外に連れ出して、一緒に過ごす時間を大切にしてほしい」ということだそうだ。

「心のケア」は家族にしかできない

家族が施設側に任せっきりで、「あれをしてくれない／これをしてくれない」と目くじらを立てるだけでは溝は深まるばかりだ。それでは施設で暮らさざるを得ない本人もつらい。介護者の立場からそう指摘するのが、第1章、第2章で紹介した男性介護者の山内さんである。山内さんによると、施設入所にあたって家族が何よりも心がけておくべきなのが、「職員といい人間関係を築くこと」だそうだ。それをせずに「あのケアがなってない」などと、クレームをつけてばかりいると、職員も顔をしかめる。「またうるさい人が来た」という関係になってしまうという。

「『大切な家族がお世話になっている』という気持ちで接していれば、職員とも自然に打ち解けていける。現に私が特養に行くと、ずっと向こうからでも職員が『ああ、山内さん！』と声をかけてくれはる。そういう関係が大事やと思うんです」

そして、もう1つ、できるだけ施設を訪問することも大事だと、山内さんは言う。施設にいるからといって職員にすべて任せてしまうわけにはいかない。家族としての責任は、それまでと同じようにあるからだ。

「施設に行って本人の話し相手になったり、笑顔を見せたりということを続けていく。そうじゃないと本人は『施設に放り出された』と思って寂しい思いをしますよ。職員がいくらよくしてくれても、本人の心のケアは家族にしかできません。自分の大事な家族を預かってもらってる、そのありがたさを忘れないことが大切だと思います」

「つどい場さくらちゃん」のまるちゃんは、ちょっとした言葉かけが大切だと教えてくれた。

「会えないときもいつもお母さんのことを考えてるよ」

「次は×日に必ず来るから、待っててね」

「孫たちがいつもおじいちゃんのことを話してるよ」

「元気になったら一緒に住もうね」

そう声をかけるだけで、お年寄りの気持ちは変わると話す。「自分は忘れられていないんだ」という安心感が、心の安定につながっていくのだという。これこそ「家族にしかない愛情」の表現だろう。

「数日家で過ごせるようにしよう」

でも本当は、「家か施設か」の二択でなくていいのかもしれない。そんなことを考えさせてくれたのが、戸牧一枝さんの方法だ。

家族に相談もないまま一枝さんの夫が老健から精神科病院へ移され、見るかげもなく衰えてしまったことについては、第1章で書いた。

一枝さんは、その病院から1日でも早く夫を連れ出さなければと、近所の特養を見学して回った。やっと決めた特養に申し込み、待つことおよそ1年。その間も、「入所はまだでしょうか?」と何度も電話し、足を運んだ。

それだけに、やっと入所が決まり、実際に入ってみて予想以上に過ごしやすい施設だった喜びは大きかったと話す。

「まず女性の主任さんがすごく明るくて、私にも夫にもよく話しかけてくださる方でした。夫はウロウロと歩き回ったり、時々大声を出したりして迷惑をかけるので、個室をお願いしたのだけど、『大部屋のほうが目が届くから』と言ってもらえたのも嬉しかったです」

夫のベッドは窓側で日当たりがよかった。居室の向かいの部屋はちょうど浴室で、午前と午後の入浴時間になると、入所者やスタッフの賑やかな会話や笑い声が聞こえてくる。おかげで夫のいる部屋はなごやかな雰囲気だったという。

「施設の入所者といえば、『無表情で車イスに座らされてるだけ』というイメージがあったんですが、ここはそうじゃなくて安心しました」

入所後、一枝さんは1日おきに夫の面会に通うことにした。行けない日は車で1時間ほど離れた所に住む娘が代わってくれた。

一枝さんの介護がユニークなのは、ここからだ。施設だけの生活では味気ないだろうと、「時々、夫を自宅に連れて帰ろう」「たまには数日家で過ごせるようにしよう」と思いついたのである。**つまり、自宅に「通う／外泊する」わけだ。デイサービスやショートステイの家庭バージョン、「逆デイサービス」と「逆ショートステイ」といえよう。**それからは、月に1回2〜4泊の逆ショートステイ、月に1〜2回の逆デイサービスが恒例となった。

このやり方を始めたころには、夫はもう、うなずくことしかできなかったが、自宅に戻ると嬉しそうな表情になって、一枝さんもホッとできたという。

ただひとつ、一枝さんが気にかかっていたのは、夫が施設で好きなものを食べさせてもらえないことだった。

たとえ失語症でしゃべれなくなっても、夫には丈夫な歯があった。しかし、飲み込む力（嚥下力《えんげ》）が徐々に落ちていたため、施設では普通食を提供してもらえなくなっていたのだ。

嚥下力が落ちると気管に食べ物が誤って入りやすくなる。これを誤嚥というが、誤嚥は窒息や肺炎など、高齢者の命取りになるトラブルのもとだ。だから、施設側はリスクを恐れて、誤嚥しにくいものを提供するようになる。夫の施設での食事は、いつの間にか刻み食に変わり、やがてミキサー食になっていった。

「施設では誤嚥がすごく怖がられる。『夫は自分の歯があるんだから、嚙んで食べさせたい』と何度か申し出ましたが、だめでした」

しかし、歯が丈夫だった夫は、好物は何でも食べられたという。だから訪問の日、一枝さんは自分でお弁当を持参した。昼食の時間には一緒に食事をするのだが、ミキサー食の夫は、一枝さんがこっそり差し出す唐揚げを美味しそうに食べた。好物のまんじゅうやピーナツも上機嫌でほおばった。

また、逆デイサービスの日は、運転のできる娘が同行してくれるときには夫を車で連れ出し、大好きなハンバーガーショップへ行くこともあった。一枝さんが1人のときは、天気がよければ車イスで施設裏手の山へ出て、持参したお弁当を一緒に食べて散歩を楽しんだ。

逆ショートステイのときは、月に1回開かれる市の若年性認知症の介護者の会に合わせた。夫と一緒に参加し、その足で家に帰ることにしていたという。

「家に連れて帰りたかったのは、好きなものを好きなだけ食べさせたいという気持ちがあったから。ほとんどのものが食べられました」

一枝さんのケースは、施設を上手に利用できた好例といえるのではないか。

「両方」という選択肢があっていい

介護は「施設か、自宅か」という二者択一で語られがちだが、もっと柔軟な発想があっていいというのが、先の長尾医師である。

「終《つい》の棲家《すみか》については、よく施設か自宅かといわれます。しかし、両方という選択もあり得るのではないでしょうか。行ったり来たりを上手に利用している人を見ると、決して二者択一ではないことに気づきます」

つまり、施設か自宅か、どちらかに限定してしまう必要はないと提案しているわけだ。

たとえば1ヵ月の半分を家で過ごし、半分を施設のショートステイを利用して過ごすのもよし、一枝さんのように施設に入所して、逆ショートステイという方法もよし。「どちらも」という選択肢があっていいというのである。

そのように大らかに考えられれば、本人も介護者も少しは気持ちに余裕ができて、後悔の少ない介護ができるのではないだろうか。ちなみに私が介護の専門家に聞いたところでは、逆デイサービスも逆ショートステイも施設側はおおむねすんなり受け入れてくれるのではないか、とのことであった。

第4章

だれがどう介護するのか

親族との関係のなかで後悔すること

どの家庭にも、介護をめぐるトラブルはつきものだ。

加藤ユキさん（仮名・58歳）は、家族との摩擦で膨れ上がったストレスを抱え込み、ヘトヘトになって介護を続けてきた。3世代、3世帯同居の中での二重介護という複雑なケースである。

同居が生む「不毛な気遣い」

「もうね、後悔、後悔の連続なんです」

一男一女に恵まれ、もともと4人家族だったユキさん一家。1990年、長女の小学校入学を機に、夫（長男・61歳）の実家で義父母と同居することになった。

二世帯住宅の1階が親世帯、2階がユキさん一家で、玄関とお風呂は共同だ。義母（84歳）は何かにつけ人と競い合い、ハッキリものを言うタイプ。その存在は気になったものの、賢明なユキさんは上手にかわしながら波風立てずに暮らしてきた。

その関係がややこしくなってきたのが、2010年からだった。

きっかけは、離れて暮らす1人暮らしの実母（82歳）が腰椎圧迫骨折で入院したことだ。同時に認知症の症状も出始めていることがわかったので、ユキさんは家族に「実母とも同居したい」と相談することに。

「気難しく人をバカにする性分の義母なので、実母の認知症の症状のことは伏せて、『圧迫骨折で1人暮らしが難しくなったので呼び寄せたい』と義両親に申し出ました」

意外にも、義母は快く承諾してくれた。

とはいえ、同じ屋根の下に親が3人である。お風呂は「最後がいい」という義父（享年85）に、「私は居候だから先には入れない」という実母。日常の些細《ささい》な場面で不毛な気遣いがくり返された。ただ、いつもニコニコして穏やかな性格の実母に対しては、競い合うタイプの義母からもそれほど不平不満は出なかった。

ところが、実母の同居から約2年たち、義父が84歳になり老いが目立ち始めたころから、ユキさんと義母の間に気持ちのズレが生じ始める。

義父には糖尿病などの持病があった。歳のせいか排泄に失敗して下着を汚すことが増えてきたが、そんな義父に対し、義母はヒステリックになるばかりで、ろくに手を貸しもしない。ユキさんは、義母の悪態にあきれながらも、「嫁の分際で」と考えてしまい口出しなどできない。かわりに義母に対して少しずつ距離を置くようにし、義父にはできる範囲のサポートを続けていた。

並行して、ゆっくりとではあるが確実に進行していく実母の認知症。ユキさんは3人の親との関わりの中で、神経をすり減らしていった。

後悔14 「拘束を承諾する書類にサインしてしまった」

そんな状況が一変したのは、2013年の春だった。

最初は、義父が胃潰瘍《かいよう》からの出血で緊急入院。強度の貧血でみるみるうちに体が衰え、誤嚥性肺炎まで起こしてしまった。

細々《こまごま》とした世話をするのはいつも嫁のユキさんである。義父は一度は退院したものの、その10日後には気胸を発症して再入院となってしまい、次第に弱っていった。

「義母はそれまでも口うるさく義父に指図していましたが、すっかり弱ってしまっている義父に糖尿病食のカロリー管理をしつこく指示したり、再入院のときから使い始めたオムツを義父が無意識のうちにはずすのに文句をつけたりと、無理難題を吹きかけるんです」

とはいえ、義母は口ばかりで、手を貸す様子は微塵《みじん》もない。ユキさんが義父の世話を任されたときには、陰部周辺に白いカビが生えていた。このときはユキさんも、義母に心底嫌気がさしたという。悪いことは重なるもので、義妹の父親も脳梗塞で倒れ、同じ病院だったことから、一時的にだがその付き添いまで頼まれてしまった。

「もう、自分でもどう動いているかわからない状態。判断力も鈍り、目の前のやるべきことをこなしていくだけでした」

やがて義父が「自宅に帰りたい」と訴えたため、かなり厳しい容態ではあったが、在宅医療に切り替えることになった。ケアマネジャーなどの手配は、もちろん嫁の担当だ。

「義父は退院からわずか10日後に静かに旅立ちました。でも、それだけじゃなかった。その義父が亡くなる4日前、義父の在宅介護でてんやわんやの中、実母が溶連菌感染のため高熱を出して入院したんです」

義父に死期が近づきつつある中での、実母の緊急入院である。ユキさんの頭の中は混乱していた。実母に認知症があることを理由に、投薬と拘束を承諾するよう入院先でサインを求められても、夢の中の出来事のように感じていた。

「家では義父のことで手一杯。でも、母のことが気がかりで、数日後、入院先に行ってみたんです。**母の変わり果てた姿に言葉も出ませんでした。胸部をタスキ掛けに拘束され、**

着ているパジャマの前ははだけたままで、表情もなくボーッとしていたんです」

拘束を承諾する書類にサインしたことを後悔し、すぐさま退院の手続きをとった。それがなんと、義父の通夜当日のことである。

「そういうときでも義母とは精神的にまったくかみ合わず、気持ちの上ではずいぶんつらかった。残念ですが、夫のサポートは何もなかったです」

後悔15　相続手続きを手伝わなければよかった

義父の葬儀後も、ユキさんの災難は続く。

義母から「ユキさんは娘同然なんだから手伝ってほしい」と、遺産相続の手続きを頼まれたのである。うっかり引き受けてしまったユキさんは、実母の世話に加え、相続手続きにまで追われる身となった。

ところが、預金や生命保険などの具体的な金額が明らかになり始めるやいなや、義母は「あなたはもうタッチしないで」と言わんばかりの態度になっていった。「面倒なことは嫁にまかせるが、お金のことは隠しておきたい」というのが、義母の本心だったというわけだ。手のひらを返すとはこういうことを言うのだろう。

「信用されてないことがわかって、もう続けられなくなりました」

お金に執着する義母。ユキさんは、引き受けなければよかったと後悔した。

「もう耐えられない」

そう夫に打ち明け、司法書士にすべて任せたという。

「義母は、『頼れるのはあなただけよ』と猫なで声で言いながら、こちらが親切で接すると仇《あだ》にして返してくるような人なんです」

この問題を相談した友人からは、「嫁と姑はどうしても家族になれないのよ」と言われたそうだが、ユキさんはその言葉に妙に納得してしまったという。

後悔16 「安易に同居してしまった」

そうこうするうちにも実母の認知症は進み、要支援2から要介護1へ。これも義母との関係からストレスが溜まり、母への接し方がぞんざいになったためかもしれないと後悔した。

「そんなころ、夫から『夫婦の時間がなくなってきたね』と言われましてね。私が切ないのは、夫が私の母に対して理解があるようなないような、曖昧なこと。私もいずれは施設にと思ってはいますが、夫は少し早めに入れてほしいようなんです」

ひとつ屋根の下、義母の味方にも、妻の味方にもなりきれない夫。どっちつかずのまま手助けがあまりに少ないと、温和なユキさんも不満が爆発する。

「もう家を出る！　なんで私の気持ちがわからないの？」

「わかったよ、もっと支えるから！」

「お義母さんに、こんなことチクチク言われたのよ！」

「それはおふくろが言うのが当たり前やないか？」

「えっ、そうじゃないでしょう！」

義母との葛藤の中で積もり積もった怒りが頂点に達したユキさんは、ついに家を飛び出した。いちばんの味方であってほしい夫の支えが、肝心なときになかったというのでは、腹の虫もおさまらないだろう。

取材のとき、ユキさんは自分の介護生活を総括してこう振り返った。

「若いころのこととはいえ、義父母と安易に同居したことを本当に後悔しています。そばで暮らしてなければ、義父の闘病中に義母の言葉を聞くことも、行動を見ることもなかったはず。そうすれば、ここまで義母に対して不快感や不信感を持つことはなかったかもしれないから」

同時に、実母を夫の実家に呼び寄せたのを後悔することもある。

「実母は『娘たち（ユキさん家族）と同居できるのは幸せ』と言う一方で、『ここは私のいるべき所ではないのでは？』と言うこともあるんです。本当は母の本心を理解できてなかったのかしれません」

きょうだい間の微妙な温度差

介護のプロであっても、家族とのすれ違いで苦しむことがある。

ケアマネジャーの鈴木誠子さん（仮名・63歳）は、上に兄と姉がいる3人きょうだい。それぞれ結婚して実家の近くで所帯を持ち、いいつきあいを続けてきた。

両親は、実家を継いだ長男夫婦とともに暮らしていたが、2010年に父が93歳で他界。残された母（享年98）は、88歳のときに脳出血で左半身不随になってしまったものの奇跡的に回復した。その後は順調に歳を重ねていたのだが、96歳ごろから老衰が目立つようになる。

誠子さんはケアマネという仕事柄、高齢者の生活上の苦労がよくわかっていたので、母親の衰え方については気になっていた。

母の介護を担っていたのは、母と同居している兄の嫁（69歳）だった。しかし、兄嫁自身が腰痛持ちで、若いころのような体力もない。そこで負担を少しでも軽くするため、母にショートステイを利用してもらうことになった。次第に1泊が2泊、3泊とのびていき、徐々に利用回数も増えていく。

そして、ショートステイを利用し始めると、耳寄りな情報も入ってくるようになる。

「老健に申し込んでおけば、1ヵ月ぐらい入れてもらえるよ」という話を聞いた兄嫁は、何かあるたびに母を老健に1ヵ月単位で預けるようになった。

誠子さんは、表立って口を挟むことはなかったが、内心気が気でなかった。というのも、

「施設を長期に利用すると、スタッフの目が届かないので、どうしても家にいるときより弱ってしまう。でも、兄嫁たちは『プロに任せれば安心』と思っているので、『入れなき

ゃよかった』と後悔するのは私だけ。しかも兄嫁は、老健にそれほど悪いイメージをもっていないし、かといって家で介護するのを嫌がる人たちじゃない。微妙な温度差に悩みました」

そんな中、ある〝事件〟が起こる。

97歳になった母は、2014年6月から再び老健に入所した。ところが3ヵ月間滞在して、さあ退所というときに転倒。鎖骨を骨折してしまったのである。これには老健側も責任を感じたのか、「あと3ヵ月はいてもらっていいですよ」と申し出があり、兄嫁はそれを受けてしまった。つまり、12月初旬までの合計6ヵ月の入所となったわけである。

「そんなに長期間預けたらだめだと私は思ってたんです。案の定、老健での介助が行き届かなかったのか、母は自分でご飯が食べられなくなった。そればかりか、これまで見られなかった症状が出て、本当に衰弱していきました」

不安になった誠子さんは今後のことを考え、思い切って夫に、

「うちで母を預かってもいいかな?」

と相談してみた。

答えは「ノー」。

「お義兄さんがいるのに、それを差し置いてまで義弟の自分が預かるわけにはいかないよ」

ということだった。

後悔17 兄嫁の介護方針に従うしかなかった

そこで、誠子さんはきょうだいみんなに声をかけ、母の今後について話し合おうと提案。みんなも気持ちよく集まってくれた。

「『私がサポートできることは何でもするから』ということを前提に、実家のそばに住む姉夫婦には『兄夫婦の負担が少しでも減るように、できる範囲で母を預かってほしい』と、兄夫婦には『老健にはもう入れないでほしい』と頼みました」

日ごろ、誠子さんが考えている「母が生きている意味」についても話し合った。

「長生きしているということは、私たちに何か教えることがあるからだろうし、それなりの意味があるはずだから、よく考えないとあかんね」

そう誠子さんが伝えると、みんなその言葉に納得し、兄も「わかったよ」と返事をしてくれた。

ところが、なのである。

年が明けて春めいてくると、母の状態も少しよくなり、また1週間預けたいという相談が兄嫁からあった。「○日から×日までやから、いいかな?」と屈託なく言われると、反対もできない。

「兄嫁にとっては、母がそばにいることでのしんどさもあるやろうしね。自分が代わってあげられないのだから、何も言えません」

だから、「あれだけ言うたのに、預けるんですか?」という気持ちも飲み込んでしまう。

老健から戻った後、母は1ヵ月ほど姉の家へ行ったり、兄嫁のいる自宅に帰ってショートステイを利用したりという生活を続けていた。

「やはり実の娘である姉の家では、母もゆったりとしている感じ。私はショートステイ中、なるべく食事の時間に施設に通って母に食べさせたりしていました」

夏休み前になった。兄宅には兄夫婦の娘や孫が帰省して忙しくなる時期である。このため7月初旬、母をまた1ヵ月老健に預けることになった。

ところが、入所して急激に体調が悪くなったため、老健側から「自宅のほうが過ごしやすいのでは？」と連絡があり、２週間で退所することになる。家に帰るやいなや、真夏の暑さのためか、母は脱水症状と肺炎で高熱を出し、入院することになってしまった。

「老健に入る前は、自分でご飯も食べられて座っていられるぐらい元気になっていたので、私が兄嫁に何も言えず、入所させたことを少し悔やみました」

幸い母は1ヵ月ほどで退院したが、食事のために介助者が体を起こす以外はほとんど寝たきり。息づかいが荒くなり、食事は全介助になった。

「あまりにつらそうで、もう寿命かなと思うこともありました」

当時を振り返って誠子さんはこうつぶやいた。

後悔18 自分の気持ちを伝えられなかった

誠子さんだけではない。弱っていく母を目の当たりにした誠子さんの実姉も、母のことが気がかりでならなかった。姉妹はもう、母から目を離したくなかった。

姉は毎朝、誠子さんも2〜3日に1回、泊まりがけで実家に通った。誰かが知らせたわけでもないのに、そのころはなぜか思いがけない人や、あまり行き来のなかった親戚の訪問が相次いだそうである。

そして、退院から2週間あまり。ある朝、兄嫁が様子をみに行くと、母は眠ったまま静かに旅立っていた。98歳だった。

「死期が迫ってることは感じていましたが、こんなに早く逝くなんて予想できなかった。すぐに後悔したのが、亡くなる前日になぜ行かなかったんだろうということ。いちばんしんどいときに寄り添えなかったのが心残りです」

唯一救われるのは、母がいつもニコニコしていたことだ。どこへ行っても「笑顔のいいおばあちゃんで癒やされるわ」と言われた。

思いどおりの介護はできなかったが、母は苦しむことなく安らかな死を迎えられた。

「母は逝きどきを知ってたんですね」

と語る誠子さんだが、こう付け加える。

「振り返ってみると、もっとも後悔したのは、きょうだい間でもなかなか自分の気持ちを伝えられなかったこと。でも母は、『もういいよ』って言ってくれてるような気がします」

幼いころから、そして結婚して子どもを持ってからも、母は世界中で誰よりも誠子さんのことを心配してくれる存在だった。

「これからは、母が喜ぶような生き方をせなあかんと思います」

母の死は、自分の原点を見つめ直すきっかけにもなったようだ。

きょうだいに押しつけた結果は

鈴木誠子さんのように家族との間に温度差を感じるケースは、どうやらめずらしくないらしい。第3章で紹介したベテランケアマネ・森順子さんは、「介護中のきょうだい間のもめごとは多いです」と話す。

特にきょうだいが複数の場合、「みんなが同じように介護すべきだ」と考える人が多く、それがいさかいの種になっているという。「自分だけがつらい介護を引き受けるのは損だ」という本音の裏返しなのだろうか。

森さんがケアマネとして担当したきょうだいも、75歳の母の介護をめぐって、3人の姉と、いちばん下の弟夫婦が分裂していた。

父を先に看取り、1人残った母は、仕事を持つ未婚の三女と同居していたが、姉妹は次のように介護を分担した。

・平日は母に毎日デイサービスに通ってもらう。同時に平日は週1回、朝と夕方にホームヘルパーに来てもらう。
・ヘルパーが来ない日の朝や夕方は、長女か次女が交替で母を看る。
・夜と休日は、母と同居している三女が看る。

つまり、女性3人だけで介護を分担していたのである。

この一家は、毎月1回ケアマネを迎えて家族会議を開き、介護の方針を相談していた。ところが、いつも姉たち3人は揃うのに、遠方に住む弟は姉任せでまったく姿を見せない。

姉たちにすれば、積極的に手伝おうとしない弟夫婦が面白くない。そこで、いつも参加しない弟の家に母を送り、短期間だけでも母の面倒を嫁に看させたいと考えたのである。

だが森さんは、弟の住まいが遠方にあったことから、「環境が変わるとお母さんが混乱されますよ。それよりも地元にある特養のショートステイを利用してはどうですか?」とアドバイスした。環境の変化がお年寄りを一気に衰えさせることを知っていたのである。

でも姉たちは、動こうとしない弟の嫁にどうしても手伝わせたがった。

意外にも弟夫婦は姉たちの提案を受け入れ、母は弟宅で1週間過ごすことになる。ところが、森さんが懸念したとおり、それが裏目に出た。景色がまったく違う知らない土地。そこでたった1週間暮らしただけなのに、母は常にボヤッとした感じになって口数が減り、様子が変わってしまったという。

姉たちも失敗に気づき、自分たちの判断を後悔したらしい。母の変化に納得して、「やっぱり森さんが言うようにショートステイを使うほうがいいね。だれが介護するかより、母本人にとって何がいいかを考えなきゃ」という結論に至る。最後には森さんの手配で、納得のいく特養に入所できたそうだ。

後悔19 「私が看るべきやったんでしょうか」

家族全員が最初から関わり、よくよく相談して役割を決めた場合でも、もめごとは起きる。

森さんが8年ほど担当した別のケースでは、80歳になる独居の母を、その長女が嫁ぎ先から通って在宅介護していた。やがて体力的に1人暮らしが無理になり、話し合ったうえで、母は長男夫婦と同居することになった。最初は嫁姑の関係もよかったが、徐々に相手の存在が気になり始める。あるとき長男の嫁が「一緒に住むのはもう無理」と言い出した。

「母もいけないんだけど、お嫁さんとの折り合いが悪くて。間に立つ弟（＝長男のこと）は板挟みになって、どうしてもお嫁さんにつくんですよ。もっと母の面倒を看たらいいのにという光景をいっぱい見てきました」

と、森さんに訴える長女。結局、家族会議を開いて、本人の意思をしっかり確認し、有料ホームに入ることとなった。このとき母90歳、実家を処分しての入所である。

それから5年。母は95歳を迎えてなお壮健で、長女が見舞うたびに、

「ああ、家に帰りたい」

とこぼす。

長女が、

「ホームでよくしてもらってるし、ここにいたほうが、お嫁さんとやり合うよりはいいでしょう」

と説得しても、母は「ああ、家に帰りたい」と言うばかり。

「家は処分してしまったから、もう帰る場所はないのよ」

と言えば、

「あんたの所があるでしょう」

と嘆く。

長女は森さんに会うたび、

「ああ、本当は私が看るべきやったんでしょうか。きょうだい2人なのに、うまく役割分担できなかった」

とため息をつく。

森さんは、こうアドバイスするという。

「そうじゃない、お母さんをホームに預けても、あなたは週3回も通って本当によくしてあげている。お母さんは一時的にそういう気持ちになっても、90歳まで在宅できちんと看たんだから最高の決断だったと思うよ」

しかし、長女の後悔はずっと尾を引いているそうだ。

やる気のない人に話をしても無理

介護を平等に役割分担するのは難しいようだが、どうすればいいのか。これまで数多くの介護者の相談を受けてきた「つどい場さくらちゃん」のまるちゃんは、

「きょうだいなどで介護を平等に負担しようと思うと、かえってうまくいかないことが多いです」

と言う。介護をスムーズに行うには、いきなり分担するのではなく、むしろまず、きょうだいや家族で話し合い、「主たる介護者」を1人決めたほうがいいそうだ。現実には、住まいなど物理的な距離の近い人が主たる介護者になりがちだが、本人の希望や関係性を考慮に入れて、話し合いで決められればベストだという。

これは、1人が介護をすべて担うという意味ではない。目指すのは「一本化」なのだ。たとえば、介護サービスを利用するときも、ケアマネや介護職とのやりとりの窓口は1つのほうが効率がいい。

大切なのは、主たる介護者以外のほかのきょうだいが「もっと○○すべきじゃない？」「○○したほうがいいよ」などと口出ししないこと。「いつもありがとう」「できることは何でも手伝うよ」という労《ねぎら》いの声かけを心がけつつ、頼まれたことはできる限りやる、という姿勢を貫くべきだという。

主たる介護者があまり介護に詳しくない場合は、話し合いの場を設けるといいという。それも親族だけでなく、ケアマネなど信頼できる第三者に加わってもらって相談すると効果的らしい。

「それでも気持ちの行き違いがあったり、意見が対立する場合は、親は何を望んでいるのかという根本に立ち返ることが大切ではないでしょうか」

そう語るまるちゃんも、以前は主たる介護者だった。これは第1章で書いたとおりだ。

彼女には妹が1人いるのだが、

「妹は体が弱くて、住まいが遠方だったため、私が主たる介護者になりました。そんななかで『義姉《ねえ》ちゃんに任せっきりなので』と、妹の夫が時々してくれたのが、『ご飯でも一緒に食べておいで』と、妹を使って私を引っ張り出してくれたこと。そういう関わり方で間接的にでも『妹夫婦が介護に参加してくれてるな』と感じられました」

介護に直接関わらなくても、経済的な援助や、介護者に月に何回か自由になれる時間をつくってあげるなど、サポートの方法はいくらでもある。

しかし、介護に前向きでないきょうだいやパートナー（夫あるいは妻）は、どう巻き込むべきなのか。まるちゃんは、「介護をスムーズにするためには、する気のない人には、なまじ入ってもらわないほうがいい」と語る。

第1章などで紹介した山内輝昭さんも同じ意見だ。

「**やる気のない人に介護されても、介護される本人は幸せやない。冷たい介護をされて寂しい思いをするよりも、人手がないならプロにやってもらったほうが、本人はラクだと思います。**介護をやる気のない人には、なんぼ話をしても無理ですよ」

そして、やる気のない人を巻き込むより、相性のいいケアマネと連携しようという。ただし、満足のいくケアマネに出会うのはなかなか難しい。

「ケアマネがするのは、介護保険に関するアドバイスがほとんど。だから、介護者が介護中に困っていることなどを質問するとかして、宿題をどんどん出して刺激を与えることが大事です。そうするとケアマネも、介護保険以外のことまで学ぼうとしてくれる。ケアマネと信頼関係ができれば、介護がラクになるはずです」

感情を吐き出すのが大事

では、親との同居はどうだろう。再びまるちゃんに聞くと、

「義理の親子の同居は、介護がなくても多少の波風は立つもの。実の親でも義理の関係でも、どちらにしてもともに暮らす親との関係性次第だと思います」

同居する親と関係がよくない場合は、在宅介護にこだわらず、施設介護を選択したほうがいい場合もあるそうだ。

「**介護って、親子や夫婦、親戚間でそれまで蓋をしてきたことが、パンドラの箱が開いてしまったようにもろに出るもの。感情的なもめごとも多くなります。**どういう形の介護でも、主たる介護者は心も体も健康でないと。『自分が看るんだ』という強い気持ちも必要だけれど、それを持続させるには、親族よりも介護仲間や地域の協力者などの第三者に、感情を吐露することが大事だと思います」

だからこそまるちゃんは、「つどい場」で介護者の話し相手になっている。まるちゃんに話を聞いてもらったおかげで救われたという人は、枚挙に暇《いとま》がない。

この章の冒頭で紹介した加藤ユキさんも、その一人だ。夫に気持ちを理解してもらえず、彼女が衝動的に自宅を飛び出したことについては、すでに書いた。家出した彼女が向かったのは、「つどい場さくらちゃん」だ。その当時、もう通い始めて2年になっていた。まるちゃんの前で号泣しながら、ユキさんは30分ほど思いの丈を吐き出したという。

「まるちゃんに胸に抱き寄せてよしよしとしてもらって、ワーワー泣きました。聞いてもらって心がどれだけ軽くなったことか……」

誰かに「よう頑張ってるね」と言ってもらいたかったのだ。

後悔20　息子の部活の応援にも行けない

大山サオリさん（仮名・58歳）も、話を聞いてもらうことで救われたという一人だ。サオリさんの介護は、彼女がまだ30代半ばのときに始まった。最初は母（当時66歳）が精神科で認知症と診断される。母の介護にひた向きに取り組んだのは、サオリさんの父だった。

「父は慣れない料理を始める一方で、社会福祉協議会の認知症介護者の会に参加して認知症について積極的に勉強し、研究者のように毎日介護日誌をつけていました」

サオリさんはそんな父に協力し、自らも積極的に母のケアに取り組んだ。明るくて、細かいことにもよく気がつく自慢の母だったが、

「母は徐々に私のことを忘れていき、できないことがどんどん増えていった。食事も好き

なものしか食べず、家の中を歩き回って、会話もできなくなっていきました」

とりわけ負担になったのは、夜のトイレの付き添いだった。

「父が付き添えないと、行き場に困った母は、真冬でもベランダで用を足すようになったんです。私はそんな母が哀れで、また毎朝ベランダを掃除する父が不憫で、夜は泊まり込むようになりました」

サオリさんは結婚していて、夫との間には2人の子どもがいる。当時はパートにも出ていた。夜が明けると眠い目をこすりながら急いで自宅に戻り、子どものお弁当を作る。そして午前中は仕事に向かうという生活が続いた。睡眠不足に加え、心労が募る。身も心も鉛のように重かった。中学生の長男が部活に励み、陸上の大会に出ても、応援にすら行けない。罪悪感と後悔に苛《さいな》まれたという。

「それでも介護うつにならずに乗り越えられたのは、仕事があったことや、何でも笑いに置き換えてしまう、私の大まかな性格のおかげかもしれません」

困り果てて夫にグチをこぼすと、

「おまえだけメソメソするな、そんなもんだよ!」

「それで大丈夫だよ!」

と言ってくれた。そんな大らかな励ましも救いとなった。

後悔21 両親を同じように看てあげられなかった

デイサービスやショートステイは利用していたが、それだけですべてをカバーすることはできない。サオリさんは次第に在宅介護に限界を感じるようになり、父と協力して施設探しに奔走する。苦労の末、母が71歳のとき、何とか特養に預けることができた。

ところが母の入所2ヵ月後、今度は父に膀胱《ぼうこう》がんが見つかった。がんの治療はなんとか切り抜けたが、その2年後、今度は心筋梗塞で再び入院。入院のストレスから錯乱し幻覚症状がでてしまう。

「そのとき、強い精神安定剤を多量に投与されたので、父は脳にダメージが残り、もう歩けなくなってしまいました」

家族で面倒を見られる状態ではなく、最終的に父は精神科病院の老人病棟に入院し、院内感染で命を落とした。77歳だった。

一方、母は硬膜下血腫を起こして神戸の救急病院へ搬送されたが、治療後はもとの特養に戻ることができ、最期は施設スタッフや家族に見守られながら84歳で穏やかに旅立った。

サオリさんが経験したのは、両親を同時に看る典型的な「二重介護」だが、父母の最晩年に生じた落差が、彼女を苦しめることになった。

「母は心地いい居場所に恵まれ、大往生でいい逝き方をしてくれた。心残りはありません。でも、父のときは満足な介護ができなかった。その後悔を今も引きずっています」

父の死後、以前から時々通っていた「つどい場さくらちゃん」を久しぶりに訪ね、二重介護のつらさをまるちゃんに聞いてもらったというサオリさん。

「友だちや家族にも言えなかった今までのいきさつを、泣きながらすべて話しました。まるちゃんも一緒に泣いてくれて。聞いてもらうだけで、私は孤独じゃないんだと救われました」

話せば悩みがすべて解決するというものではない。しかし、介護についてわかってくれる人に気持ちを吐き出すと、心が軽くなる。自分の気持ちが整理できていくのかもしれない。まるちゃんは、私にこう教えてくれた。

「介護は理屈やない。本当に私も勉強させてもらいます。介護の最中でもいろんなことをしゃべれてる人は後悔が薄いような気がする。後悔がものすごくある人は、介護の最中にあんまり吐露ができてなかったんじゃないですかね」

逆にいえば、介護者ではない私たちが聞く耳を持たなければならない、ということでもある。介護者は孤立しがちだ。気持ちを言葉にするのが苦手な人もいるだろう。だからこそ、1人ではないと実感してもらう心配りが求められている。

第5章

変わっていく家族を前にして

認知症介護のなかで後悔すること①

世界でもトップクラスの長寿国となった日本では、認知症になる人が驚くべき速さで増えつつある。１９４７〜49年生まれの「団塊の世代」全員が後期高齢者となる２０２５年には、65歳以上の認知症の人が約７００万人になるという推計もある（「平成29年版高齢社会白書」概要版）。高齢者の5人に1人が認知症になる計算だ。

認知症はもはや他人事ではない。あなたの親やパートナー、そしてあなた自身（私自身も）が認知症になる可能性は極めて高いのだ。そのときになってうまく対応できず、後悔するのはいかにも残念だ。どうすればいいのだろうか。

後悔22 「1人で抱え込んでしまった」

30代で育児と介護を同時にスタートすることになったのは、兵庫県宝塚市に住む小川景子さん（仮名・48歳）だ。今でいう「ダブルケア（子育てと介護を同時進行）」の典型である。

「本当に後悔しているのが、夫に相談しないまま介護を1人で抱え込んでしまったこと。夫に細かい報告もせず、しまいには自分がかなりつらい状態になっていることにも気づけませんでした」

夫（60歳）とは郷里の岡山市で知り合い、1998年に結婚した。間もなく妊娠したが、夫は出張が多い仕事のため、実家のある岡山で出産。その後、長男が2ヵ月になるのを待って宝塚市に移り住み、ようやく新婚生活がスタートした。

夫、長男、景子さん、3人の新生活とともに始まったのが、当時80歳だった義父の介護である。

「でも、結婚が決まってからも、夫には『親父の面倒は見なくていい』と言われていたんです」

景子さんには育児がひかえている。おまけに、新天地での生活にも慣れなければならない。しかし、同じ市内にある夫の実家で、妻に先立たれ1人で暮らす高齢の義父を放ってはおけなかった。義父は高血圧で服薬治療の最中だったが、薬の飲み忘れが多く、体調がよくないと夫から聞いていたからだ。

当時はちょうど、介護保険制度開始前（1999年）のモデル期間中で、義父のもとには市からヘルパーが週2回派遣されていた。景子さんはヘルパーが入らない日は食事を作りに通おうと決め、実家に出向くと長男を和室に寝かせて、家事や義父の世話にあたった。

後悔23 「わが子に手をかけられなかった」

義父は穏やかな人で、嫁である景子さんと孫に丁寧に接してくれたが、それでも次第に理解できない言動が増えていった。

たとえば、お風呂を沸かしておいても入った形跡がまったくない。洗濯物を持って帰りたくても、汚れ物を出そうとしない。それどころか、着替えているかどうかもわからない。服を着替えていても、シャツのボタンが上下ずれていることがあった。あるときなど、パジャマのズボンの上に普段着のズボンをはいていた。しかも、パジャマのズボンの裾がはみ出しているのに、本人は気づいていない様子だった。作っておいたご飯はきちんと食べているのか、薬はちゃんと飲んでいるのか、本人に聞いても、曖昧な答えでまったくわからない状態だった。

それでも最初は、「年齢なりの老化かな?」ぐらいにしか考えていなかったという。

週末には夫も一緒に実家に行き、1週間分の食料品を冷蔵庫に収め、ゴミを持って帰った。出張が多い夫は、いつも疲れ気味。義父の様子がおかしいと夫に伝えても、「そうか」で終わってしまった。

景子さんがさらに戸惑ったのは、義父が体をさわられるのを頑なに拒否することである。着替えも体を拭かれることも恥ずかしい様子だった。不思議なことに、赤の他人であるヘルパーはOKなのだ。

心をなかなか開こうとしない義父に対し、景子さんは最初、単純に「嫁に遠慮してるのかもしれない」と感じる程度だったが、やがて実子である義姉も夫も父親の肌にふれられないということが徐々にわかってきた。夫から、

「自分は親父の体はさわれないけど、子どもの世話や買い物、料理はするよ。すまんなあ」

と言われたこともあった。夫と義父の関係は、ぎくしゃくしているように見えた。

それでも景子さんは介護に通った。

「長男を抱っこしながらでしたが、夫の実家に行くことが通勤しているような感覚で、気持ちに妙な張りがありました」

だが、

「お年寄りと一緒に暮らした経験がないので、介護についてはまったく知識がなかった。義父は便秘がひどく、いつも浣腸が必要でしたが、最初は遠巻きに恐る恐る浣腸をしてあげて、着替えも横を向いて手早く済ませるといった感じでした」

介護が主となり、わが子になかなか手がかけられなかったことは、いまだに引きずっている後悔のひとつだ。

「なぜか育児よりも介護のほうのウェイトが大きくなっていった。義父の遅いリズムに合わせて暮らしながら、その合間に子育てをしている感じでした。育児について相談できる人は誰もいなかったです」

息子から「お母さん、お母さん！」と呼ばれても、「ちょっと待ってね」ばかり。母親が来るのを待ち切れず、2歳の子がぬれたトレーニングパンツをトイレでじゃぶじゃぶ洗っていたこともあった。

すべて曖昧なまま介護が続く

「義父は認知症かもしれない」と景子さんが疑うようになったのは、2002年ごろのこと。きっかけはこんな出来事だった。

1人暮らしの義父は、近くのかかりつけ医に頼りきりで、少し体調を崩すたびに短期の入退院をくり返していた。ところが、何度目かの入院時に、義父がパジャマにベスト、足元はつっかけという姿で病院から脱走する事件が起きたのである。秋も深まった11月のことだ。

連絡を受けた家族が探しまわったところ、タクシーで昔の住まいに向かったのがわかり、警察に保護された。見つかった義父に事情を聞くと、同室の人の缶コーヒーを誤って飲んでしまい、責められたのが嫌になってとびだしたらしい。

「心配かけてすまなかった」と謝る義父を見て、景子さんは「徘徊が始まったのかもしれない」と思ったそうだ。

主治医からは、

「着るものに名前と住所を書いたほうがいい」

「そろそろ1人暮らしは難しくなったので家族で相談してほしい」

と勧められたが、それでも最後まで「認知症です」とは言われなかった。

家族の口からも「認知症」という言葉は出ない。景子さんが改めて、日ごろの義父のおかしな言動を伝えても、夫や義姉は「昔からそんなところがあった」と耳を貸そうとしなかった。

それでも義父との同居については全員で話し合い、義姉は住まいが遠方のため、景子さん夫婦が一緒に住むことになった。

「その時期が来たなと思いました。義父のタバコの火の始末のことも気になっていましたし、1人で倒れていたらどうしようという不安が、常につきまとっていましたから」

だが、同居以外は病名も、介護の方法も、義父との接し方もすべて曖昧なままだった。

後悔24 「話し合って計画を立てなかった」

通い介護から始まって2年半がたった。景子さん一家は、自分たちの住まいはそのままに、布団と着替えだけ持って、その年の冬に義父の家に引っ越した。長男はまだ2歳半、夫は相変わらず月の半分が出張である。「同居したからには、グチをこぼしてはいけない」と考えた景子さんは、誰にも頼らずに介護を続けた。

そのころ、義父にはおかしな行動が出始めており、景子さんは気になって、心が休まることがなかった。1階にいるはずの義父が動き回り、景子さん家族が寝室にしている2階に突然上がってきたこともある。このため夜眠っていても、ガタッと音がするたびに目が覚めた。「いつ何が起こるかわからない」――そんな不安で気が安まらない。引っ越しから1ヵ月もたつころには、景子さんの疲れは極限に達していた。本人には何の自覚もなかったが、

「ケアマネさんから『すごいしんどそうよ。緊急で入院かショートステイを取るから、子どもを連れて4〜5日実家に帰ってきなさい』と言われました。傍《はた》から見ても放っておけない状態だったんでしょうね」

しかし、悪いことは重なるもので、この時期、夫が尿管結石を発症する。

「本当は私のほうが疲れてしまってたのに、『これまで以上に夫に介護のグチは言えない』と思ってしまいました」

こう振り返る景子さん。それでも、何とかショートステイやデイサービスを利用しながら介護を続けた。だが、「義父にどこで何が起きるかもわからない」という不安が頭から離れない。心が落ち着かない状態は相変わらず続き、景子さんは入浴もままならず、ご飯ものどを通らなくなった。

春には長男が幼稚園の3年保育に入園したが、介護を優先したせいか、まだオムツもはずせていなかった。

「入園して間もなくです。子どものお迎えで幼稚園に行った帰り、車の中でなぜか涙が止まらなくなりました」

それでも、介護から離れられなかった。

「子どもは教えれば少しずつでもできるようになるけれど、義父の世話は思いどおりにいかず、自分を追い込んでいくような状態が続いていました」

義父をショートステイに長く預けるという方法もあったが、罪悪感からどうしても踏み切れない。ただでさえ少ない骨休めの機会は減る一方だった。

「義父が望んでいないのに、私は無理にパジャマを着替えさせたりと、何事もきちんとやりすぎていました。後悔するのは、夫としっかり話し合って計画を立てず、できることとできないことを分けないまま介護を続けたこと。介護を1人で抱え込んだうえに、介護の知識がなかったことも後悔でしかありません」

先がまったく見えない不安

景子さんは微妙な家族関係の中で後悔を重ねていたが、仲がよくても認知症介護には後悔がつきまとう。それを教えてくれたのが、有岡陽子さん（65歳）だ。陽子さんは、実母の富子さん（享年99）が亡くなるまで14年間、自宅で懸命に介護を続けた。稀なほど仲のいい、母娘密着型の在宅介護である。

陽子さんの家族は、もともと福岡県で暮らしていた。父の死後シングルマザーとなった母は、学生向けの下宿屋を切り盛りしながら、陽子さんとその兄2人の、全部で3人の子を育て上げる。のちに兄2人は故郷を離れて関西で就職。続いて陽子さんも高校卒業後に母と関西へ移り住み、以来、母娘2人で暮らしてきた。手を取り合い、多少の波風も乗り切ってきた仲である。陽子さんにとっては母あっての人生だった。

母が脳梗塞で倒れ、認知症の症状が出始めたのは、陽子さんが40代後半のときだった。転職を考えて長年勤めた会社を辞めたころである。

「双子のように仲のよかった母が、私のことを忘れ始めたんです」

母を見守らねばならないと考えた陽子さんは、スーパーのパート事務職に就いた。だが、「今夜はおかずを買って帰るからね」と事前に伝えていても、母は夕飯を作って待っていたり、夏なのに冬服を着てパート先に訪ねてくることもあった。

「だんだん私のことも忘れていって、私自身、出口のないトンネルに入ったような気持ちでした」

母に不可解な言動が増える中、2人は感情をぶつけ合うことが増えていく。たとえばあるときは、母が陽子さんの誕生日を忘れていた。それまでの母ならあり得ないことだったため、ショックを受けた陽子さんは、つい、

「なんで私の誕生日まで忘れんの！」

「しっかりしてよ！」

と、語気を荒らげてしまう。仲がよいからこそ、耐えられなかった。

「最初は母の間違いを訂正したり、時にはうまく合わせてみたりしましたが、どんなに真正面から向き合っても感じるのは空しさばかり。とにかくこれから私たち母娘がどうなるのかわからない。先がまったく見えない不安がのしかかってきました」

母は母で、

「私がだんだんバカになっていってんのよ」

と、布団につっ伏して泣き出したこともある。

そんな母の姿を見るたびに、陽子さんには「なんてひどいことを言ってしまったのか」という後悔がついて回った。

「わからなくなっていく」

「深い場所に落ちていきそう」

「頭が真っ白になっていく感じ……」

母は、自分が置かれた不安定な状況をポツリポツリと口にすることもあった。

しかし、介護のまっただ中にいる娘に、母の心中を十分に思いやる余裕はなかなか生まれない。

「私は、『母がこれからどうなっていくんだろう』という、自分の不安のほうが大きかったです。母の変化についていけなくて、自分自身がパニック状態になっていた。本当は母のほうが不安でいっぱいだったのに、わかってあげられなかったんです」

陽子さんは、母に自分本意な接し方をしてきたことを、今も後悔している。大好きで尊敬する母だったからこそ、母の変わっていく姿を受け入れられなかったのだ。

後悔25 やさしく接してあげればよかった

それでも当時は「この母が私を苦しめるはずがない。絶対、これで人生終わりじゃない」という、強い確信もあったと陽子さんは話す。

かつては大らかな性格だった母。陽子さんが将来に希望を見出せず落ち込んでいると、「好きなことを一生懸命やっていたら必ず道は開けるよ」と励ましてくれた、尊敬できる母。これまで常に自分を信頼してきてくれた母との歴史は、揺るがないものと思いたかった。

その確信が原動力となったのか、ただ悶々とするだけではだめだと思い直した陽子さんは、ヘルパーの資格講座に通い始めた。母のことをもっと理解したい、認知症について勉強したいと思ってのことである。

「講師の先生からは、『あなたがお母さんの世界に入って女優を演じなさい』って言われました」

つまり、母の言動を否定せず、上手に合わせてあげなさい、ということである。陽子さんは、そばにいるのが娘であることを忘れ、「きょうは陽子ちゃん、遅いね」と言う母に合わせて、隣の部屋からそっと携帯電話で「きょうはちょっと遅くなるから」と、母に電話をしたこともある。陽子さんを「姉さん」と呼ぶ母に、母の姉になりきって返事をしたこともあった。だが、理屈でわかっていればいつでもそうできる、というわけではない。同じことがくり返されると、こらえきれず母に苛立った。

たとえば母は、陽子さんにこう尋ね続けるのである。

「あなたのお家はどこ?」

「お父さんはどこ?」

「お母さんはどこ?」

「陽子ちゃんはいつ帰るの?」

それに何回も、何回も、何回も答えながら、つい出てしまう、

「もう何べん聞くの!」

「はいはい、もうわかりました!」

すると母は気分を害したのか、「私、帰ります」と外に出ていく。それを放っておけず、ついて回る陽子さん。

少しでも気分が変わればと、毎日車で母を連れ出しても、帰宅するや「私、帰ります」が始まることもあった。さらに、夜中には2時間おきにトイレに起こされる。意味のない会話とイライラが日課のようになった。

夜、母の寝顔を見ながら、「お母ちゃん、ごめんね。明日はやさしくするわ」と何度つぶやいたことか。そんな日々が続き、陽子さんも体調を崩しがちになる。介護を続ける中でいちばんつらかったのが、この3年目ぐらいの時期だったという。

「離れて暮らす兄に相談しても、温度差がありすぎて話にならない。親しい友人に相談すると、一生懸命聞いてはもらえるんですが、介護経験がないので真意までわかってもらえないんです」

そして、母につらく当たるたびに後悔する。そのくり返しだった。

「でも、24時間一緒にいたら、いい顔ばかりできっこないんです」

教科書には書かれていない認知症介護の現実だった。

後悔26 「変わっていく母を受け入れられなかった」

発症から5年ほどたつと、母はいよいよ目が離せない状態になり、陽子さんはパートすら辞めざるを得なくなった。そんなころ、周りから勧められたのがデイサービスだ。

実は陽子さんは、それまで「母には家がいちばん」と思い込んでいた。だから通所サービスは利用させていなかったのだが、思い切って預けてみると母はスムーズになじんで、見違えるように生き生きしてきたという。そんな姿を見て、陽子さんは週2回通わせることに決めたが、こうして、

「介護が始まって、初めての解放感を味わいました。自分のために時間が使える喜び。わずかな時間、友だちと電車で西宮から京都へ行っただけだったけど、世間にふれられてすごく嬉しかったです」

住んでいる市の認知症家族会にも参加した。予想もしなかった明るい雰囲気の中、自分の介護体験を話すと当たり前のように受け入れてもらえた。さまざまな人たちと出会うこともできた。

「もうね、体の中にスーッと風が吹いた感じでした。最初は誰にも話す場がなく、つらい思いをノートに書きなぐってた。それだけでも癒やしになるんです。でも、介護体験者とつながることはできない。介護を始めた方には、早めに家族会に行くことをお勧めした

い。信頼できる人に話したり、相談してみるのがいちばんです」

「つどい場さくらちゃん」のまるちゃんに相談にのってもらったのも、認知症家族会での出会いがきっかけだった。

その時期、陽子さんの心は揺れていた。

「在宅で母を看たいという気持ちは強くても、自分の苛立ちを母にぶつけてしまう。『施設に入れて私が笑顔で会いに行くほうが母は幸せなのかもしれない』と思うようになっていました」

自信をなくしていたのである。自分では一生懸命介護しているつもりでも、家ではすぐに母と対立してしまう。それなのに、デイサービスでは母が生き生きしていたからだ。

誰かに話を聞いてもらいたい――そう思ったとき、相談相手として浮かんだのが、まるちゃんだった。すぐさま受話器を握って、電話でこれまで抱え続けてきた気持ちを言葉にした途端、涙があふれ出したという。

「やっぱり実の娘さんが看たほうがいいんやない？　とにかく一回いらっしゃい」

まるちゃんにこう誘われて、初めて訪れた「さくらちゃん」で、つらい思いをすべて吐き出した。

「『ああ、介護者の複雑な思いを、説明しなくてもわかってもらえる場があるんだ。ここへ来れば癒やされるんだ』と感じて、気持ちがとてもラクになれました」

介護をするまでは仕事一筋だった陽子さん。「社会から取り残されていく」という孤立感や経済的な問題など、いくつもの不安でがんじがらめになっていたのだ。だが、「『さくらちゃん』で、ほかの介護者の話や新しい情報を聞いたり、いろいろな講座に参加して医療や介護について学ぶことができました。それで、介護にも前向きになっていけた。公の場で介護体験を話す機会も増えて、社会がどんどん広がっていきました」

こうしてできるつながりは、心の安定を生むようだ。「さくらちゃん」に行くようになってからしばらくすると、「表情がずいぶん明るくなったね」と言われることが多くなる。陽子さんは、「母のおかげで私の社会が広がってるなあ」とすら感じるようになった。

だからこそ、今もこう悔やむのだ。

「いちばん大切な母なのに、変わっていく姿を受け入れることができなかった後悔は大きいです」

後悔27 「安易に薬を飲ませてしまった」

しかし、相談できる場所が見つかっても一件落着とはいかないのが、介護の難しいところである。

母が認知症を発症して5年が過ぎた2005年のこと。風邪をひいた母のために、かかりつけ医に往診してもらったが、顔見知りの高齢の医師は、風邪薬とともに何の説明もなく抗認知症薬のアリセプトを処方した。陽子さんは、医者から出された薬だからと、あまり深く考えず母に3日間飲ませた。すると――。

「母は夜眠らなくなり、3日目には何かに取り憑《つ》かれたように目をギラギラさせ、一晩中しゃべり続けたんです。何か見えるのか、空《くう》をつかんでは部屋を歩き回っていました」

すぐかかりつけ医に連絡を取り、翌日にはその医師の病院に母を入院させることになった。しかし、病室でも異常な行動は続く。目を疑ったのはゴミ箱に放尿したことだ。

「このときの母の顔を今も忘れられません。し終わった母は、自分でもなんてことをしたのかという驚きと、恥ずかしさが入り交じったような複雑な表情でした」

陽子さんは、新たに飲み始めたアリセプトのことが気にかかって仕方なかった。副院長（主治医の息子）に相談すると、「薬が原因ではないだろう」と言われたが、陽子さんは納得できず、「やめたい」と申し出た。服用を中止すると、3日間興奮して眠らなかった母が、断薬の翌日には落ち着きを取り戻したという。

「ひとつの薬でこんなに変化するなんて、本当に怖いなと思った。医師から処方された薬でしたが、安易に飲ませたことを後悔しました」

あわせて今まで服用させていた薬もチェックしてもらうと、同じ作用のものが2種類処方されていることがわかったので、すぐに1種類中止した。

このとき以来、陽子さんは、薬の必要性や副作用については医師にしっかり聞くようにし、インターネットを活用して積極的に調べるようになった。そして、自分で納得できる種類や量に極力減らしてもらうようになったという。

最期まで看ると決意

薬をやめて状態はよくなったが、それでも母の認知症は着実に進行した。

95歳を迎えるころから、一日中しゃべり続けるようになった。認知症の周辺症状（次章参照）のひとつである。延々と数を数えたり、意味のわからないことを話したり、怒り出したり……。母は自分の世界に入って夜中までしゃべり続けた。

以前の薬の経験があったので、陽子さんはかかりつけ医でなく、「さくらちゃん」で紹介された医師に相談することにした。新しい医師と話してみてわかったのは、精神安定剤などで症状は抑えられるが、それは介護者がラクになるための処方であって、本人のためにはならないということだ。

陽子さんは、もう薬には頼るまいと決めた。必要なときはイヤホンや耳栓をして自分でなんとか工夫すればいい。支えになったのは、「いつまでも続かないよ」というまるちゃんの言葉だ。「いずれこの母の声が聞こえなくなる日が来る。そのときはきっと今の状況を懐かしく思うはず」と自分に言い聞かせた。

「さくらちゃん」で紹介された医師は信頼できた。改めてかかりつけ医になってほしいと依頼し、同時に医師が経営するクリニックの訪問看護師を紹介してもらった。こうして陽子さんは、心新たに在宅介護を再スタートさせたのである。

「先がまったく見えないし、睡眠不足から体調が優れない日が続くこともある。でも、気持ちはすごくラクでした。悩みごとがあれば、何でもまるちゃんや訪看さん（訪問看護師）に相談できるし、困ったことが起きたら『さくらちゃん』の仲間がすぐに駆けつけてくれたから」

改めて、最期まで自分で看ると決意できたという。

実はこの時期に至ってもまだ、母の認知症の原因疾患（次章参照）については不明のままだった。娘として、母の正式な病名を知っておきたいと思った陽子さんは、ある講演会で知り合った認知症専門医に母を診察してもらった。結果は「典型的なアルツハイマー病」。ようやく診断がついたとき、母は95歳になっていた。

第6章

認知症とうまく付き合う

認知症介護のなかで後悔すること②

今や国民病とまでいわれる認知症だが、そもそもこれはどんな病気なのだろうか。厚生労働省がウェブサイトで公開している資料「認知症の基礎〜正しい理解のために〜」には、次のように書かれている。

脳は私たちのあらゆる活動をコントロールしている司令塔です。指令がうまく働かなければ、精神活動も身体活動もスムーズに運ばなくなります。認知症とは、いろいろな原因で脳の細胞がしんでしまったり、働きが悪くなったためにさまざまな障害が起こり、生活するうえで支障が出ている状態（およそ6ヶ月以上継続）をいいます。

つまり認知症とは、脳細胞の脱落（死）や機能不全の結果なのである。では、脳細胞はなぜ死んだり働きが悪くなったりするのか。

脳の細胞が死んだり不調になる原因の大半は、病気である。それを認知症の「原因疾患」と呼ぶが、このうちたとえば、アルツハイマー病によって引き起こされる認知症を「アルツハイマー型認知症」とか、俗に「アルツハイマー」などというわけだ。なお、原因疾患別におもな認知症の特徴をまとめると、左の表3のようになる。

表3　おもな認知症とその特徴

名称	特徴
アルツハイマー型認知症	脳内にたまった異常なタンパク質により神経細胞が破壊され、脳に萎縮が起こる **特徴的な症状**　昔のことはよく覚えているが、最近のことは忘れてしまう。軽度の物忘れから徐々に進行し、やがて時間や場所の感覚がなくなっていく
脳血管性認知症	脳梗塞や脳出血によって脳細胞に十分な血液が送られず、脳細胞が損傷した結果起こる **特徴的な症状**　脳血管障害が起こるたびに段階的に進行。障害を受けた部位によって症状は異なる
レビー小体型認知症	脳内にたまったレビー小体という特殊なタンパク質により脳の神経細胞が破壊されて起こる **特徴的な症状**　現実にはないものが見える「幻視」や、手足が震えたり筋肉が固くなる症状が現れる。歩幅が小刻みになり、転びやすくなる
前頭側頭型認知症	脳の前頭葉や側頭葉で、神経細胞が減少して脳が萎縮することで起こる **特徴的な症状**　感情の抑制がきかなくなる。万引きなど非社会的行動が出る

図2　認知症の内訳

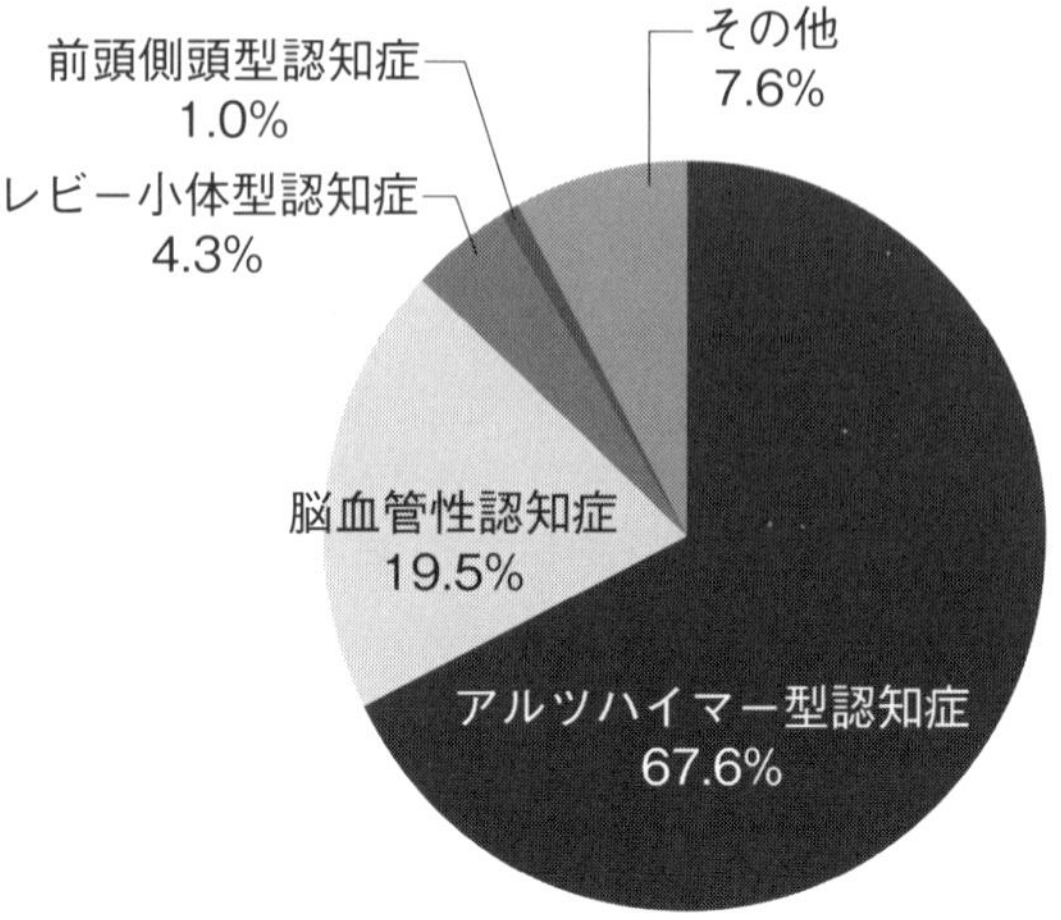

どのタイプの認知症が多いのかについてはさまざまな統計が出ているが、ここでは厚生労働省のデータを紹介しておく（上の図2参照）。

また、認知症の症状は大きく次の2つにわけられる。

●中核症状　脳の病変によって起こる症状。おもなものが記憶障害（物忘れ）

●周辺症状（BPSD、行動・心理症状ともいう）　中核症状がもととなって引き起こされる行動や心身の変調。たとえば、外出したものの記憶障害のため道を忘れてしまい、戻れなくなった状態が「徘徊」と呼ばれる。ほかに生活環境の変化や、人間関係の不具合によって起こることもある。

おもな症状は一括して図3（後掲）にまとめておいたので、参照していただきたい（なお、いずれの図も厚生労働省のウェブサイトを参考に作成した）。

なお、認知症の薬（抗認知症薬）としてはアリセプト、レミニール、メマリー、イクセロンパッチ、リバスタッチパッチがある。物忘れを改善し、認知症の進行を遅らせる効果があると言われている。ほかに、認知症の人に落ち着いてもらうため、精神安定剤や漢方薬などが使われることもあるが、いずれも対症療法で、認知症を根治することはできない。つまり今のところ、認知症を完全に治す方法はないということだ。

本人の声が聞きたい

ところで、先ほどから引用している厚生労働省の資料には、「認知症の人に対する対応の基本」というページがあり、

認知症の人は、意思も・経験もあります

図3　認知症の「中核症状」と「周辺症状（BPSD）」

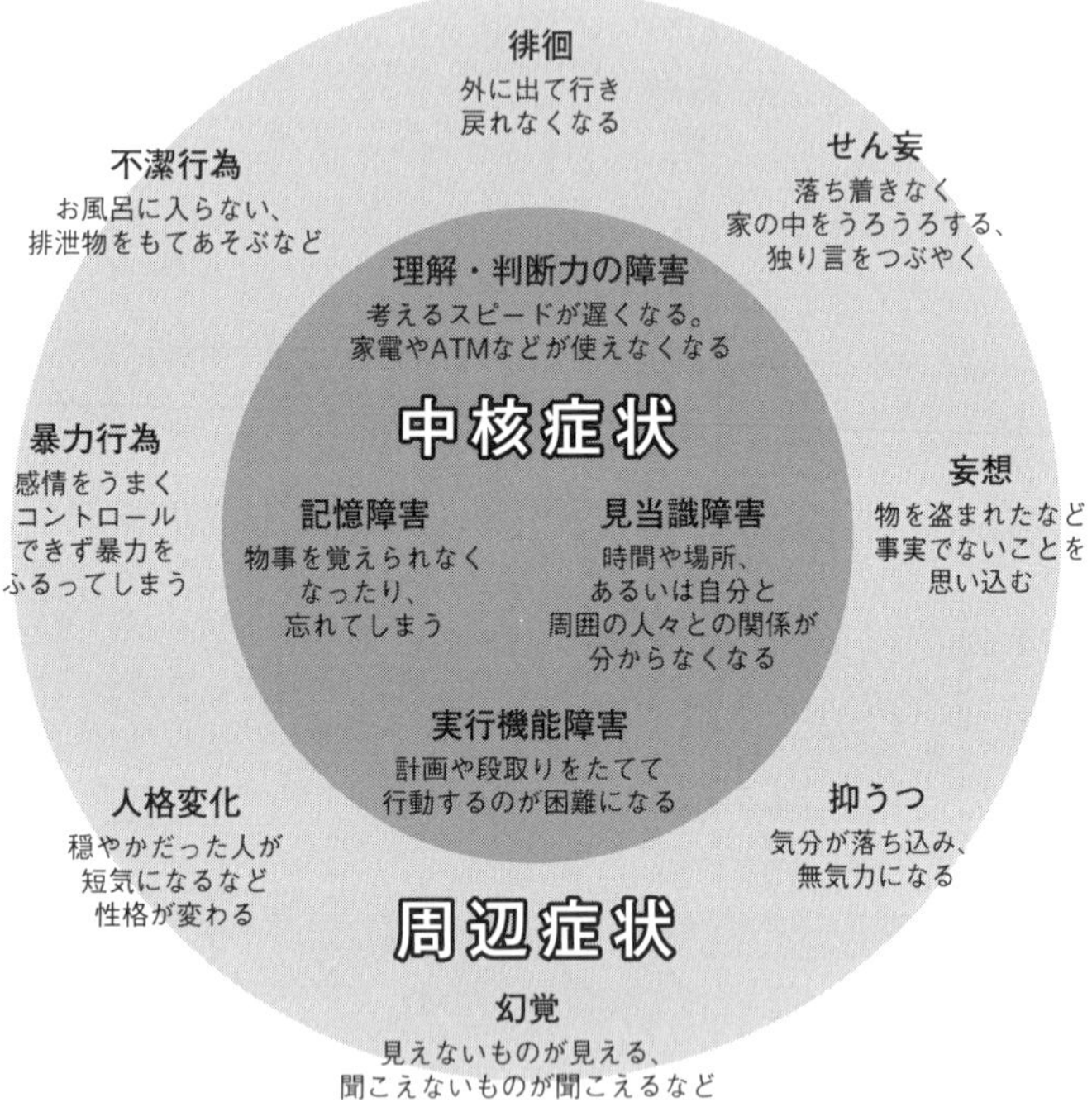

周辺症状は「BPSD」とも呼ばれるが、これは英語表記「Behavioral and Psychological Symptoms of Dementia（認知症にともなう行動・心理症状）」の頭文字をとった略語。ここではおもなもののみを取り上げた。かつては認知症の人の「問題行動」とも呼ばれていたが、差別的との理由から使われなくなった。同じ理由で最近では、「徘徊」などの症状名も使用を控えようとする動きがある

と強調されている。さらに認知症の人を理解する方法として、「認知症の人に聞いてみる」「認知症の人がどのように思うか聴いてみる」が挙げられている。

確かに、本人の口から「自分にはこんなサポートが必要だ」「こうしてほしい」という要望が聞ければ、認知症の人にとっていい介護とは何かが見えてきそうだ。本人が望むケアができれば、介護者の負担も軽くなることだろう。

残念ながら、私が有岡陽子さん（第5章で紹介）に取材を始めたとき、彼女の母・富子さんは言葉があまり出ない状態まで認知症が進んでいて、本人に思いを聞くことはできなかった。だが、ほかにも方法はある。

近年では、自分が認知症であることを隠さず、思いを率直に社会に伝えていこうとする人が増えてきている。たとえば若年性認知症の人たちがそうだ。

若年性認知症とは、65歳未満に発症する認知症である。厚生労働省の調査（2009年）では、若年性認知症の人はわが国に約3万7800人いるそうだが、実際の患者数はその3倍にのぼるという専門家もいる。発症年齢は平均51・3歳で、50歳未満で発症した人の割合は約3割。つまり、患者のなかには仕事や子育てで現役の、働き盛りの世代が多く含まれるわけだが、ここで紹介する藤田和子さん（56歳）も若年性認知症のため数々の苦労を重ねた一人だ。

認知症の兆候に苦しんだ日々

藤田さんが自らの異変に気づき、総合病院の脳神経内科を受診したのは2007年5月のこと。まだ45歳のときだった。

異変は受診の1年くらい前からあった。藤田さんには夫と3人の娘がいる。パートで看護師を続けながら、子育てや家事に追われ忙しい日々を送っていた。ところが、いつのころからか、友人との約束を忘れたり、娘に同じことを何度も尋ねたりといったことが起こり始めた。

体の不調を強く感じたのは2007年の3月だ。

「何かで頭を殴られたような激しい痛みで、夜中に目を覚ましたんです。それ以降、スーパーなどの広い場所に行くと、たびたびめまいがするようになりました」

翌月には「単なる物忘れじゃない」と確信できる出来事があった。

「自分用に買ったコーヒーゼリーを朝食べたのに、夜になってまた食べようとしたんです。冷蔵庫を開けて『コーヒーゼリー、誰か食べた？』と娘たちに聞いて、驚かれました」

記憶をたどってみると、何時ごろなのかはっきりはしないものの、ぼんやりと自分が食べている姿を思い出したそうだ。

藤田さんは不安を拭い切れず、家族や友人、看護師の同僚に、「私おかしいの。絶対、病気だと思う」と相談して回ったという。相談された人は異口同音に「私もよくあること、大丈夫！」と言ってくれたが、「もう絶対おかしい。病院へ行くべきだ」と思うようになり、ついに5月、病院へ足を運んだ。

検査を受けてみると、長谷川式認知症スケール（認知症の簡易スクリーニング検査）では問題なしとの結果だったが、脳の画像検査から、頭頂部と側頭部の血流が低下しており、海馬もわずかに萎縮していることがわかった。その結果と日ごろの症状から「若年性アルツハイマー病だと思われる」との診断が出る。

藤田さんは看護師として働いていたため、認知症についての知識は当然あった。そのため、「もしかしたら同じ病気かもしれない」と予感はあったが、医師の言葉に「ああ、やっぱり」と納得しつつ、同時にかなり動揺したという。

「今のところ、薬としてはアリセプトしかありませんが、飲みますか、どうしますか？」

医師は藤田さんにこう尋ねたが、彼女はすぐには答えられなかった。アリセプトの効果についていては、いい評判を聞いていなかったからである。処方されるとき、あるいは服用するとき、薬の名前から周囲にアルツハイマー病だとわかってしまうことにも抵抗を感じた。思案の末、

「それならいいです」

と薬を飲まないほうを選択する。

「様子をみて、1年後にもう一度検査しましょう」

医師にそう言われ、再診は1年後の予定となった。

「この川に飛び込んだら死ねるのに」

若年性アルツハイマー病と診断されてからは、大変だった。

一日の予定を記憶するのが徐々に困難になり、日時や曜日もあやふやになっていった。

献立を立てて買い物に行っても何を買うのかを忘れてしまったり、レジの支払いで100円玉と10円玉を間違えたり。複数の調理器具を並行して使うことができなくなり、料理もおぼつかなくなった。

「小さなミスばかりで毎日が混乱状態でした」

〈私はどうなっていくんだろう〉

藤田さんは不安感につつまれた。

〈服薬していたら何とかなったのではないか〉

〈もう薬を飲むべきだ〉

そう考えると、1年後の再検査など待ってはいられず、初診の4ヵ月後に前と同じ総合病院を再診した。だが医師からは、

「こんなにしっかりしとんさるのに、今から薬を飲んでどうするんですか！　高価な薬を死ぬまで飲むことになるんですよ！」

と、逆にたしなめられてしまう。

「この後がいちばんつらかった。不安をいっぱい抱えて翌年の5月まで様子をみることにしたのですが、眠れない日が続くようになりました」

藤田さんはこの時期、どん底の中でアルツハイマー病について調べている。どの本を読んでも、「自分らしく過ごせるのは長くて5年ほど、最後は寝たきりになり、余命約10年」などと、悲観的なことばかり書かれていた。

「自分が人に迷惑をかけながら生きるなんて、もう耐えられなかったです」

ほとんど自暴自棄になっていたという。

「車を運転しながら、『ここでぶつかったら、この川に飛び込んだら、死ねるのに』と考えたこともある。パニックで過呼吸になったり、『こんな病気になったのは全部あなたのせいだ』と夫に怒りをぶつけたこともありました」

不安ではあったが、それでも藤田さんは仕事を辞めなかった。彼女の芯の強さがうかがえるが、これまでどおり仕事をこなすには、気遣いも苦労もあった。

「簡単な漢字が書けなかったり、スピードを求められる仕事で戸惑うこともありましたし、患者さんの名前を忘れてドギマギしたこともありました」

当時の同僚は、藤田さんの仕事ぶりを「無理しているようには見えなかった」と評価してくれるそうだが、本人は神経をすり減らしていった。結局、自分で「看護師の仕事はもう無理だ」と判断し、2008年3月に辞表を提出した。このときのことを振り返って、仕事を辞めたのは後悔しているという。

「『もう1人看護師を増やしてもらえたら、私の作業負担が減ってまだ続けられるかもしれない』と同僚には話していました。でも、その時点でそこまで院長に頼めませんでした」

認知症よりつらいもの

診断から1年たった2008年5月、藤田さんは再び総合病院を受診し、毎日混乱していると医師に訴えたが、医師は、

「こんなにしっかり話せるんだから」

と、真剣に取り合わない。藤田さんの不安な気持ちに寄り添おうという姿勢はなかった。もちろん、薬も処方してもらえない。

そこで、以前勤めていた病院の医師に、アルツハイマー病の専門医を紹介してもらった。専門医のもとでさまざまな検査を受け、最終的には髄液検査（髄液中のアミロイドβというタンパク質の量を測る）の結果から、正式に「若年性アルツハイマー病」と診断さ

れた。藤田さんはこの専門医を、今でも自分の主治医として頼りにしている。

「『薬は進行を遅らせることしかできないが、今も研究は進んでいる。いい状態が保てるよう一緒に頑張りましょう』と告げられ、初めてホッとできました」

さっそく7月から、アリセプトを服用することになった。この薬は3㎎から始めるのが普通だが、主治医の判断で1㎎から処方され、2ヵ月ほどあとに1・5㎎に増量された。それまでは脳全体に靄《もや》がかかったようだったが、増量後は少し晴れたような感じになり、生活がしやすくなったそうだ。

そして発症から11年。今も2ヵ月半に1度の通院と、年に1回の脳検査を欠かさない。薬の量は精妙に調整され、現在はアリセプト10㎎とメマリー20㎎。多少の不便はあるが、自立した生活を続けている。

取材のとき、藤田さんがこう言っていたのが、強く私の印象に残っている。

「不安に押しつぶされそうになるなかで、もっともつらかったのが、周りの人たちの『偏見のまなざし』でした」

最初の診断を受けたときから、見てはいけないものを見るような視線を周囲の人から向けられた。その視線が、病気以上に生きにくい社会をつくっている――そう身を以て知ったという。自分自身すら、まだ病を受容できていなかった時期のことだ。どれほど苦しかったことか。

本書のテーマである「後悔」について、私はこう尋ねてみた。

「若年性アルツハイマー病と診断されてから、後悔したことはありますか？」

彼女は、しばらく考えてから、「将来、社会的な後悔になってほしくないから」と前置きして、こう答えてくれた。

「私の後悔は、友だちや知人との付き合いが途絶えたこと。実は私、自分が認知症とわかってからも、あきらめたくないことがあったんです。それは友人たちとの人間関係を維持することでした」

しかし、思いどおりにはいかない。病気のことを知って、藤田さんのことを「もう話しても理解できない人」「どうせ忘れてしまう人」と思ったのか、藤田さんから離れていく人もいた。

「私は病気になる前と何も変わらない。治療のおかげで以前と同じように付き合うことができる。でも、勇気を出して『お茶しよう』『ランチしよう』と誘っても、わかってくれる人もいたけれど、連絡が来なくなった人もいました」

そして、笑顔でこう続けた。

「友だちが離れていったりすると、人間不信に陥ってさらに孤独になってしまうんです。だから、知ってほしい。私たちは、一緒に話せて楽しい時間を過ごせたら、明るい気持ちが積み重なって、これまで以上に元気になれるんだって。用事がなくても電話やメールを一本もらえるだけで、幸せな、頑張れる気持ちになれるんです」

ちょっとサポートをしてもらえるだけで、食事に行ったり、旅行にも行けることをもっと知ってほしいという。

医師から初めて診断を受けたとき、藤田さんが切羽つまって相談に行った場所がある。それはカウンセリングでも、保健所でもない。藤田さんの娘が小学生のころ、ＰＴＡ活動の一環として人権について学んだ地元の人権福祉センターだ。

そこでは、自分の不安な気持ちをじっくり聞いてもらえた。サポートしてくれる人たちとも出会えた。彼らと認知症への誤解や偏見をなくすための活動を開始したのは、発症から1年後の２００8年のことだ。そして、3年後の２０１０年には、「若年性認知症問題にとりくむ会　クローバー」を立ち上げた。

「講演などを通して、たくさんの人に伝えたかったんです。若年性アルツハイマー病になっても適切な治療と周囲の支えがあれば、私のように安定した暮らしが可能だということ、支援があれば働く方法もあることを。そして、記憶に異変を感じたら安心して受診できる体制を早く整えてほしいことも」

そして現在、藤田さんは認知症の本人が政策提案を行う国内初の団体「一般社団法人日本認知症本人ワーキンググループ」の代表理事として活動を続けている。

後悔28 本人の気持ちを理解できていなかった

きちんと診断を受けた人もいれば、そうでなかった人もいる。薬で助かった人もいれば、薬のために苦しんだ人もいた。一方、認知症をきっかけに孤立していく点では、介護者も認知症になった本人も期せずして一致している。共通点や相違点が入り混じっているが、つまるところ、家族に認知症の兆候が見られるようになったら、私たちはどうすればいいのだろうか。

「松本診療所　ものわすれクリニック」（大阪市旭区）の院長で精神科医の松本一生《いっしょう》医師は、認知症関連の著書を多数出版している専門医だ。開業以来26年間で４０００人の認知症患者に接してきた。その松本医師は、「認知症のケアでもっとも大事なのは、「認知症の人の生活や気持ちが安定していること」だという。

松本医師は診療経験から、「認知症の人は自分の病気がわかっていることが多い」と言う。実際、これまでに診た4000人の病識（自分が病気であるという自覚）の有無を統計にまとめたところ、72％が「あり」、28％は「自覚するのに時間がかかり、診察時には病識や病感が出にくかった」となったそうだ。

「つまり認知症の方の7割が、ご自分の変化に思い悩んでいるわけです。『認知症はどうせ物忘れして、わからなくなる病気なんだから気にしなくていい』『本人は幸せなんだ』というのは誤った考えだということです」

松本医師は戒めるように私に語った。

病識については私も、こんなエピソードを取材で聞いたことがある。愛媛県西条市で市役所職員として勤務する近藤誠さん（56歳）から聞いた話だ。

近藤さんの父は72歳ごろから少しずつ、認知症の症状が出た。症状が進むにつれ、自治会の会合を忘れる、外出するとトイレの場所がわからなくなり失敗する、といった生活上の支障が出るようになっていった。

しかし近藤さん一家は、父の日常生活を変えないほうがいいという考え方だった。そのため医師の診断も受けず、薬にも頼らず、家族が父をサポートし続けたという。結果、苦労を重ねることになったが、80歳で父に穏やかな最期を迎えてもらうことができたそうだ。

父の死後、近藤さんが最初にしたのが、父の机の整理だった。引き出しを開けてみると、中から「日記」と記された大学ノートが4冊出てきた。驚いた近藤さんはノートを手に取り、あわててページをめくったという。ちょうど認知症の症状が出始めた72歳のころからの日記だった。そこには、父の心の叫びが綴られていた。

《このところ日記を書くのを忘れていた。前はどうであったか参考にしていたのに、前のことがわからない。やっぱり日記も必要なようだ》

日記は1日だけで終わり、1年半の空白の後、こんなふうに再開されていた。

《すぎた日のことを思い出そうとしてもあやふやだ。少々ボケ始めたようだ。頑張らなければいけない》

《少々ボケが来たかと思うと、よけい気持ちが落ち着かない。情けない思い……》

近藤さんはこの父の日記に目を通し、「愕然《がくぜん》とした」という。

父の生前、近藤さんは、「父は自分の病気について何もわかっていない」と思い込んでいた。ところが日記から、父が不安やもどかしさを誰にも言えぬまま、数年にわたって悩み、苦しみ、1人で認知症と向き合っていたことがわかったのだ。

近藤さんは、父の気持ちをまったく理解できていなかったことを思い知らされ、自分自身に対する怒りが沸き起こってきたという。父の思いを理解してあげられなかったという後悔は、「少しでも多くの人に正しい認知症ケアを広めたい」という思いにつながった。勤務の傍ら厚生労働省の「認知症サポーター100万人キャラバン」(認知症の人やその家族を支援する認知症サポーターを養成する事業)の立ち上げに関わり、現在もキャラバン・メイト(講師役)を養成する指南役として、また認知症ケアの講演にと、全国各地を飛び回っている。

「初期対応」と「薬のさじ加減」が大切

ちょっと脱線してしまったが、要するに私が言いたいのは、認知症になったからといってある日突然、何もかもわからなくなってしまうわけではない、ということだ。むしろ本人は、自分がどこかおかしいことに気づいていて、悩み苦しんでいることが多いのである。

だからこそ初期対応が大事だと強調するのは、先の松本医師だ。

「大事なのは、診断を受けてから最初の3ヵ月ぐらいの、家族が混沌の渦中にあるとき。そのときこそ、手間ひまかけて安心できる医師や介護関係者を見つけて、しっかり体制を組むことだと思います。家族の対応がよくて状態が安定した方は、混乱しながら認知症と向き合う人と比べて、少なくとも5〜7年進行が後ろ倒しできます」

本人に対する支援体制が整えば、介護する家族も本人も安心できる。すると、心理的にも安定して、それがまた進行の防止につながる。逆に、体制が整わないまま家族が右往左往していると、不安定な状況が何年も続いて進行も早まりがちになるそうだ。

このとき1つのポイントとなるのが、認知症の原因疾患の鑑別だという。松本医師は、まず本人の気持ちを逆なでしないよう、気軽に健診に誘う感じで、信頼できる専門医に診察してもらおうと話す。

「ただ単に、早期発見・早期治療をすすめているわけではありません。どのタイプかがわかって、脳のどこが変化しているのかを画像診断や症状から見極められれば、使う薬や本人への接し方などを家族に的確に示すことができるからです」

そして、薬については、「抗認知症薬が必要な人であっても、そのさじ加減が大切だ」と語る。

松本医師によると、現在の抗認知症薬は神経の伝達効率を上げる薬や、脳を保護する薬だ。つまり神経と神経の連携を維持・改善して、物忘れを少しでも軽くするのが目的なのだ。それが効きすぎると、イライラ感が出て不安定になってしまうのは当然のことだという。ほかに、薬によってはめまいや失禁などの副作用も起こり得る。

「もし薬を服用して本人の様子がおかしい、あまりに興奮するようだと家族が気づいたら、それを医療に伝えるのが家族の役目です。また、ケア職が気づいたら、それを医療にフィードバックしていくことが大切です」

松本医師の言葉に従えば、第5章で紹介した有岡陽子さんのケースはきちんとフィードバックできた好例といえよう。

ちなみに当然ながら、薬を使わないほうがいい人もいる。松本診療所に認知症で通っている患者数は現在1ヵ月に約1000人というが、その4分の1の250人には抗認知症薬を処方していないそうだ。

最良のケアは「周囲とつながること」

初期対応からさらに一歩進んで、日ごろの接し方について有益な助言をくれたのが、精神科医の上田諭《さとし》氏だ。上田医師は、介護者が心がけたい三原則を教えてくれた。「指摘しない、議論しない、怒らない」である。

「認知症になっても心は正常です。記憶障害などで、今までできていたことがだんだんできなくなると、本人は不安につつまれていく。その不安な渦中で、信頼する家族から『なんで同じことばかり言うの』『なぜこれができないの』と指摘・否定されると、心がいっそう乱れ、孤立して居場所をなくし、自尊心も傷つけられます」

孤立し、プライドを傷つけられた結果、徘徊、不潔行為、抑うつなどの症状が出たり、認知症が悪化することがある。だから三原則を守って接するのが大切なのだそうだ。

さらに上田医師は、**「認知症を病と捉え、薬などの治療によって克服しようという考え方を根本的に改めたほうがいい」**と訴える。強引に治そうとせず、むしろ生活上の不便をサポートすることを考えるべきだと言うのである。

確かにもし、自分自身が認知症になったとき、「今のままでいいよ。物忘れしても仕方がない。できないことがあれば協力するからね」と家族に言ってもらえたら、どんなに気持ちがラクになるだろう。そう感じるのは私だけではないと思う。当事者である藤田和子さんは、取材のとき次のように教えてくれた。

「若年性アルツハイマー病の人にとって大事なのは、薬の『さじ加減』と『周りの対応』です。混乱すると考えがまとまらず、何もできなくなる。ただ、薬で急によくしても、逆に混乱することがあります。また、調子がいいと何でもできるような気持ちになって、ついやりすぎる。すると疲れて寝込んでしまいます。私が今も穏やかに過ごせているのは、小さなミスをしても同じことを言っても否定されないから。周囲に気をつけてもらうだけで安心できるんです」

症状を悪化させないのはもちろんだが、何よりポイントとなるのは現状をいかに安定させるか、だそうだ。そして、現状を維持する最良の方法は、周囲とつながることだという。

「自分の気持ちを言葉に出したり、周りの人としゃべることが現状維持につながっていくし、機能アップになるんです。**認知症はだれもがなり得る病気だといわれるけれど、みんな**

な自分のこととして考えていない。もし自分の家族がなったときには、本人が言葉に出せなくても、どんどん声かけして、人とのつながりを持たせてあげてほしいんです。介護する方も、介護者同士はもちろんのこと、頼れる人を見つけていろんな人とつながりをもってほしいです」

お年寄りの介護にも、まったく同じことが言えるのではないだろうか。

第7章

命と向き合い続ける

看取りで後悔すること①

あっという間に終わる介護もあれば、20年を超える介護もある。しかし、どちらにしても最後に必ず迎えることになるのが、要介護者の死だ。

ところで、人は一体「どこで死にたい」と望んでいるのだろうか。内閣府が実施した『高齢者の健康に関する意識調査』(平成24年度)が参考になる。その中の「万一、あなたが治る見込みがない病気になった場合、最期はどこで迎えたいですか」という質問への回答として、最も多かったのが自宅(54・6%)。次いで病院などの医療施設(27・7%)、特別養護老人ホームなどの福祉施設(4・5%)と続いている。住み慣れた場所で最期を迎えたいと望んでいる人が多いことが読み取れる。

しかし、介護は本人一人だけの問題ではない。介護する家族が亡くなる場所を決めねばならないケースもあるし、希望をかなえられないときもあるはずだ。この章で最初に紹介するのは、本人の「家で死にたい」という希望を知りながら、それを果たせず後悔を背負うことになった人である。

後悔29 自分の悩みで精一杯だった

「今も深く後悔しているのが、母の気持ちをまったく理解しようと思わなかったこと。せっかく在宅介護になって母もホッとしていただろうに、私は自分で看取るのが怖くなって病院で旅立たせてしまいました」

伊藤多香子さん（仮名・68歳）は唇をかみしめながら、87歳で静かに息を引き取った母の顔を思い浮かべていた。

父が胃がんで亡くなった後、母は75歳で独居になった。1人では寂しいだろうと、長女の多香子さんは母を気遣って、仕事の合間にたびたび実家に足を運んだ。2人の弟はそれぞれ結婚しており、母の世話は多香子さんに任せきりになっていた。

母に異変を感じるようになったのは、突然かかってきた電話がきっかけだ。

「実家の近所の人から『電子レンジから煙が出てる！　すぐ来てちょうだい！』という電話があったんです」

母がカップ麺を電子レンジで温めたのが原因だった。「一人暮らしのままでいいのだろうか？」。多香子さんは不安に思いながらも、「まだ、1人で大丈夫」という母の言葉を信じた。

しかし、その後5年ほどの間に、母は心身に変調を来していく。

たとえば、足の付け根に痛みを感じるようになった。病院で調べてもらうと、血流の低下で起きる大腿骨頭壊死《だいたいこっとうえし》症（股関節の大腿骨頭の一部が壊死する病気）とわかり、手術を受けることに。術後、杖をつけば何とか歩けるまでに回復したものの、退院後に通い始めたデイサービスで今度は転倒。そのはずみに粗相をしてしまったが、母は恥じ入る様子もなく、ただぼんやりしたままだった。それを見た職員から「このところ様子が少しおかしい。認知症かもしれない」と連絡が入り、診察を受けたところ脳血管性認知症と診断された。

　腰の圧迫骨折で緊急入院したこともあった。２週間ほど安静にすれば治るだろうという診断だったが、ベッドから下りて歩き回るという理由で退院させられてしまう。

「迎えにいくと母は、『多香ちゃん、よう来てくれた。こんなお墓みたいな所におられへん！　帰りたい』と泣き出しました」

　母自身、不安だったのだろう。退院後は、多香子さんの家にしばらく泊まっては、また数日実家に戻るという暮らしが続いたが、82歳をむかえたのを機に完全に同居することになった。

「でも、そのころの私は深い悩みを抱えていて、自分のことで精一杯でした。母の気持ちを何もわかってあげられなかった。後悔しかありません」

当時、多香子さんは夫との離婚を考えていたのだ。

後悔30 母が病院で拘束され弱っていった

多香子さんの夫は若いころから麻雀にのめり込み、家庭を顧みない生活をずっと続けていた。家計は火の車だったが、そんな娘を心配して救いの手を差し伸べてくれたのが、彼女の両親だった。

そうした事情を薄々感じながらも、夫は心を入れ替えようとしない。多香子さんには3人の娘がいるが、その子育て中も夫とのぎくしゃくした関係は続いた。しかし、面と向かって夫に自分の気持ちを話したことはない。かわりに多香子さんは、新聞配達など体を酷使する仕事を続けることで気を紛らわせてきたそうだ。

それでも、夫への恨みつらみは積もり積もって、もう爆発寸前になっていた。間が悪いことに母との同居は夫の定年退職と重なり、多香子さんの精神的な負担は膨れ上がる一方だった。

意外にも夫は、「お母ちゃん、うちにおいで」と、同居には前向きで、世話もよくしてくれたという。これまでの後ろめたさからそうしたのか、あるいは妻である多香子さんの気持ちをくんだのか……。

「実はこのとき、思ったんです。もしかして神さまが私にお母ちゃんを与えてくれはったのかなって。『お母ちゃんの介護を一生懸命して、気持ちを切り替えなさい』と。そうすれば夫にも優しくなれるやろうしね」

やがて多香子さんは母の世話にかかりきりになり、離婚の考えは薄らいでいったそうだ。

そして同居から5年が経ったころのこと。母が「息苦しい」と訴えるので病院に連れていったところ、肺水腫（肺に水がたまる病気）と診断された。そのまま入院となったが、母は病院を極度に嫌がり、弱った体でベッドから下りようとするため、手足をベルトで拘束されてしまう。

「母は拘束されるのが耐えられなかったんです。私から看護師さんに『母が怖がっているのでやめてください』とお願いして外してもらいました。でも、それ以来、母は覚悟したかのように静かになってしまいました」

食欲が落ちて母はみるみるやせ細っていき、生きる意欲までなくしてしまったかのようだった。昔から自分のことはすべて後回しで、不平不満ひとつ言わない性格だった母。忍耐強い人だと知っているだけに、多香子さんは不憫でたまらなかったそうだ。

そんな母も、実家の近所で仲良しだった女性が病院に訪ねてきてくれたときは大層喜んだ。お見舞いにもらった大粒の苺を「美味しいねえ」と嬉しそうに食べていたという。だがそれが、口にした最後の食べ物となってしまった。

苺を食べた後、母の食欲はいよいよ失せていく一方だったが、この時期に誤嚥するので何も食べないようにという医師の指示が出た。ところが、何も口にできない状態なのに点滴のみで、ほかにこれといった配慮もない。それどころか、食事の時間になると普通食が配膳されるというお粗末な病院だった。看護師に不満を伝えても何も変わらない。

業《ごう》を煮やした多香子さんは、医師に申し出て退院することに決めた。

「看護師さんからは『こんな状態の人を連れて帰ってどうするんですか』と言われたけれど、病室でつらそうにする母の姿を見ていられなくなった。かかりつけ医に連絡して在宅介護に切り替えました」

後悔31 「死にゆく姿を見届ける勇気がなかった」

帰宅すると、訪問看護師がすぐに訪ねてきて、家で点滴を始めてくれた。しかし、母は食べ物をほとんど受け入れなくなり、ゼリー状の総合栄養剤か、ガーゼに含ませた水をやっと吸う程度。次第にうとうと眠る時間が多くなり、何も話さなくなっていった。

そして、退院から1ヵ月もすると、点滴の針すら入らないほど血管が細くなり、ガーゼに浸した水も徐々に受け付けなくなった。毎日往診に来てくれていた医師も、「もう、あかんなあ」とため息をついた。

「訪問看護師さんもよくしてくださって、『最期まで一緒に看ましょうね』と言われてたんです。でも、その段階で母を自分で看取るのが怖くなってしまって……」

多香子さんは、最後の拠りどころとしてホスピスに入院の相談に行く。しかし、母の状況を説明しても、満床を理由に入れてはもらえなかった。

「もう少しだから看てあげなさい」

ホスピスの相談員からはそう助言された。励ましのつもりだったのかもしれない。が、母の最期を専門家の手に委ねたいと考えていた多香子さんにとって、その言葉は重圧以外の何物でもなかった。

〈自分で看取るべきとわかっていても、怖くて私にはできない……〉

途方に暮れた。その日、どの道をどうやって帰ったかまったく覚えていないという。

だが帰宅後、「もう近くの個人病院に委ねるしかない」と判断。在宅医に頼んで救急車を依頼し、再び入院させてしまったのである。

「**私は母が死にゆく姿を目の前で見届ける勇気がなかった。**家で私に看取ってほしかったろうに、こんなに大きな後悔はありません」

それから10日後、母は入院先で静かに息を引き取った。87歳だった。

「母は若いころから私のことをものすごく大事にしてくれたのに、私はずっと迷惑ばかりかけてきました。元気なころにもっとお出かけに連れていってあげたかった。食べる喜びも、もっともっと味わわせたかった。もっと2人でおしゃべりを楽しんで、ワッと笑ったりしたかったです……」

今になって後悔することばかり。

「でも、いちばんの後悔は、病院を嫌がった母の気持ちをくんであげることができなかったこと。自分で看取ることができませんでした」

10年経った今も、まだ悔いを引きずっているという。話し終えた多香子さんは涙が止まらず、しばらく顔を上げることができなかった。

「嬉しいこと」はすべて実現したい

病院でも家でもない場所で、家族を見送ることになった人もいる。第5章に登場してもらった有岡陽子さんだ。母に正式にアルツハイマー型認知症の診断がついたのが95歳のとき。それから4年後に当たる、２０１４年春のことである。

《心ばかりの白寿のお祝いをしますので、ぜひお越しくださいませ》

陽子さんは母・富子さんの99歳の誕生日を前に、いつもお世話になっている親しい知人10人ほどにそんな招待状を送った。

毎年、母の誕生日にはささやかなお祝いをしていたが、

「みなさんに日ごろの感謝の気持ちを伝えたかったし、特に白寿のお祝いなので少し華やかに、たくさんの人に祝ってほしかったんです」

陽子さんの心にあったのは、「今という時」を大切にしたい、「お母ちゃんにとって嬉しいこと」はすべて実現したいという思いだ。お正月を祝い、それが終わったら次はお誕生日会、それが過ぎたら秋の旅行……。毎日介護を続けるなかで、イベントは自分を奮い立たすための目標でもあった。

当日は、招待した全員が指定した店に集まってくれた。「つどい場さくらちゃん」の介護仲間や友人だけでなく、主治医や担当の訪問看護師も忙しい仕事の合間に参加。遠方から新幹線で駆けつけてくれた人すらいた。

白寿を祝う乾杯の後、笑顔の参加者から次々とお祝いの言葉が贈られた。

「富子さんが元気でいてくれはるから、私たちも頑張れます」

「富ちゃんから、どんだけたくさんのことを学ばせてもうたかわかりません」

「お母ちゃんの横に座っているだけで、なんや幸せになれますねん」

もう100歳に手が届きそうな富子さんは、すでにみんなの「お母ちゃん」になっていた。

認知症がだいぶ進んだ富子さんは、もう表情があまり出なくなっていた。だが、きっと祝いの席にいることを嬉しく思ったことだろう。好物のビールにいち早く手をのばし、陽子さんにひと口ふた口味わわせてもらった。そして、お店の自慢の味を陽子さんがハサミで細かくカットすると、手づかみで美味しそうに次から次へと平らげる。

「次の目標は100歳のお誕生日。そのときはまた来てくださいね」

白寿の祝いは、陽子さんのお礼の言葉で締めくくられた。

99歳、「お母ちゃん」の沖縄旅行

それから猛暑の季節へ。高齢者には苛酷な日々である。訪問看護師からも、年齢的に夏の暑さは応えるので、気をつけるようにと言われていた。

「歳が歳でしょう。本当に乗り切れるかなという不安はありました」

そんな陽子さんの心配をよそに、まずまず食欲旺盛に過ごせた母。

体調に変化が出始めたのは、秋口ごろからだ。椅子に座っても、姿勢が保てないようになっていった。背中がすっかり丸くなって左右どちらかに傾いてしまうので、1人で座るには傾く側にクッションが必要になった。そのため昼食後は、少し早めに横になるようにした。

10月には、「つどい場さくらちゃん」で恒例になっている年に1回の旅行が待っている。その年は沖縄への旅だったが、陽子さんは内心、「母を連れての旅はもう無理だろう」とあきらめかけていた。連れていってあげたいのはやまやまだ。だが、

〈沖縄は母にとってハードルが高すぎるんじゃないか〉
〈そんな遠い場所に連れていく意味があるのだろうか〉
〈無理をして行っても母はもうわからないんじゃないか〉

いろいろな思いが錯綜した。

しかし、「さくらちゃん」の仲間からは「絶対わかるよ」「みんなでサポートするから大丈夫」と後押しされ、在宅医や訪問看護師からも、「行けない理由は何もないよ」と励まされた。

迷いに迷った末、参加を決意した陽子さん。気心の知れた仲間との旅行という安心感はあったが、行くからには何が起きても覚悟しようと決めていた。

「当日、神戸空港に着いて**『お母ちゃん、これから沖縄に行くよ』と言ったら、それまでずっと下を向いていた母が急に顔を上げて、ワーッと声を上げて笑ったんです。**そのときは絶対、旅の雰囲気を五感で感じていただろうし、連れてきてよかったと心から思えまし

た」

母は若いときから、飛行機で旅行するのが大好きだった。フランス、イギリス、スイス、カナダ、ニュージーランド……、海外旅行は2人で数え切れないほど楽しんだ。久しぶりの空港に、そのころ感じた高揚感が一瞬よみがえったのかもしれない。

機内でも時折、よそ行きの顔を見せた母。沖縄に着いてからは、ほかの参加者とは別行動で母娘2人、部屋で昼寝したり、海辺を散歩したり。親しい仲間たちも母のそばに付き添ってくれた。

親の死を予感するとき

沖縄から帰っても母は体調を崩すことはなく、楽しい思い出だけが残った。

だが冬に入ると、徐々に固形食が食べられなくなっていく。自分で食べ物をつかむ力が落ち、歯の調子も悪くなった。1本だけ残っていた上の前歯が動き出し、下の入れ歯もうまくはまらなくなった。母の負担を減らそうと、陽子さんは入れ歯を取ってしまうことにした。

飲み込む力も落ちていった。水分補給にあげていたゼリーがなかなかのどを通らなくなり、食事はすべてミルサーでペースト状にしなければならなくなった。食欲自体もだんだん失くしているようだった。

12月に入ってからは、週2回訪れる訪問看護師に「最期ってどうなるかな？」と毎回聞いていたと、陽子さんは話す。1人できちんと看取れるかどうか不安だったのだ。

「死を感じたのは、それが初めてというわけではないんです。95歳の暮れに母が風邪で寝込み、『もうだめかもしれない』と在宅医に告げられたときから。その時点から命と向き合ってきたつもりだったし、いつ何が起きても不思議ではないと思っていたのに……」

死を間近に感じるようになってからの不安は、想像以上のものだったという。いろいろな展開を考えて、何度も訪問看護師に相談した。看護師からは、

「もう3食は食べられなくなって2食になっていき、そのうち1食になるかもしれない。そうなったときは、富子さんが食べたくないんやから慌てないで。それを無理に食べさせないでね」

と告げられた。

その翌日。

母は食事をボロボロとこぼすばかりでまったく飲み込めない。慌てた陽子さんは、不安になってすぐに訪問看護師に電話した。

「全然食べないから、点滴とかしたほうがいいかな？」

「それは昨日、説明したでしょう」

こう言われて我に返ったという陽子さん。

「このことなの？」自分の行動を後悔した。「これが食べられなくなるということなんや……」。

陽子さんは言う。

「ずっと、何があっても救急車だけは呼ばないと決めていたけれど、ここで救急車を呼ぶ人の気持ちがわかりました。**家族は弱っていく親を間近で見ているのに耐えられなくなる。誰かに委ねたくなるんです。**いつもいつも『その時（母の最期）はいつなんだろう』という思いがありましたから」

見守ってくれる人が身近にいても、揺れ動く心を抑えきれなかったそうだ。

「すぐに訪問看護師さんに電話ができて、答えてもらえる。いつでも相談できて、心配してくれる介護家族の仲間がいる。その安心感はすごく大きかった。それでも、不安でたまらなくなるんです」

命と向き合うことは、心身を消耗させる。このころの陽子さんは少しずつ痩せていき、周囲も心配するほどだった。

暮れが近づき、陽子さんはまた悩む。ここ数年、お正月は母とともに「つどい場さくらちゃん」で過ごすのが、陽子さん自身にとっても楽しみになっていた。だが、すでに死期が迫りつつある母を移動させていいのだろうか。

しかし、訪問看護師のこんな言葉で心が決まった。

「富子さんは、大好きな『さくらちゃん』に行きたいはずだから、行けばいいよ。でも、この年齢やから帰ったらぐっと弱るし、寝込むかもしれない。安全のために動かさないのとどちらがいいかは、あなたの決心次第よ」

後悔32　最期ぐらいずっとそばにいればよかった

「さくらちゃん」での年越しは、笑いであふれていた。

そして、元旦。母はミルサーでペースト状にしたお節《せち》と、ほんの少しのおとそで新年を祝い、夜はシャンパンをなめ、カニをおいしくいただいた。

その後だ。

いつもどおり抱えられて行ったトイレで突然、母は気を失った。幸い主治医も新年の挨拶に訪れていて介抱してもらうことができ、すぐに意識を取り戻したが、状態が安定するまで、しばらく「さくらちゃん」で過ごすことになった。

翌2日。

母はひたすら眠った。

3日目は持ち直した様子で、朝からお気に入りのダイニングテーブルに座り、大好きなすき焼きとご飯、卵をペースト状にして2〜3口食べた。母を布団に寝かせた後、陽子さんはダイニングで仲間との会話を楽しんでいたが、その間も母のことが気がかりで、たびたび母が眠る部屋へ容態を見に行った。

夕方、母の意識が遠のいていくのが感じられた。布団をめくると腕が肌色から赤紫色に変わっている。訪問看護師に連絡すると、すぐに駆けつけてくれて、引き続き見守ることになった。

そして、午後7時過ぎ。

「息が弱くなっているので呼びかけてあげて」

訪問看護師の言葉に、陽子さんは初めて母の死を覚悟したという。思わず手を握りしめ、こう叫んでいた。

「お母ちゃん、陽子は大丈夫やからね！　お母ちゃんの娘で最高やった、ありがとう！」

99歳の富子さんは、幾度かあえぐように呼吸したあと、穏やかに息を引き取った。

14年余りの認知症での闘病生活で、寝たきりになったのはたった1日だけ。オムツをしたのは、介助してもトイレに立てなかった1日だけという大往生だった。

母の死から1年半。

有岡陽子さんは「さくらちゃん」でボランティアを続けている。長年、母と2人で暮らしてきたアパートは引き払った。

母・富子さんは文字どおりの平穏死だった。では後悔がないかというと、そうでもない。

「私、お正月三が日の記憶があまりないんです。もう前を向いて歩いていかないといけないんやとわかっていても、しょっちゅう後悔の渦の中に巻き込まれてしまう。あんなに早く逝くんだったら、そばにいて手をずっと握ってあげとけばよかったって」

第8章

悔いの残らない最期はあるか

看取りで後悔すること②

介護を終えた家族は、必ずといっていいほど、やり場のない悲しみに苛まれる。本書にたびたび登場してもらっている「つどい場さくらちゃん」のまるちゃんも、10年にわたる介護の末、家族3人を喪ったが、私の取材でそのときの感覚を次のように振り返った。

「介護って、見送ったから『はい、ここまで』とプツッと切れるわけじゃない。それまで体も心も、費やす時間も、エネルギーすべてが介護することに向かっていたから、考える時間ができすぎてしまう。でも、考えても亡くなった人を生き返らすわけにいかないし、やり直すわけにもいかず、取り返しのつかないことばかり。そして、介護に使っていたエネルギーをぶつける対象がなくなり、それが自分に向かってくるんです」

「あれもできなかった」「これもしてあげられなかった」――そういう悔いが募り、介護者にのしかかる、ということだろう。大切な人を失ったときに体験するそうした感情を、グリーフ（悲嘆＝深い悲しみ）という。

後悔33 「自宅へ帰してあげられなかった」

第5章に登場した小川景子さんは、悲嘆に苦しんだ一人である。

うつ状態になりながら、それでも育児と義父の在宅介護を1人で続けてきた景子さん。できることはやり尽くしたと言えそうだが、それでも彼女は義父が病院で逝ったことにどうしても納得できなかった。

「**最期を病院で迎えてしまい、義父を1日だけでも自宅に帰してあげられなかったことが本当につらかった。**義姉から『長い間、よくしてもらってありがとう』と言われたけれど、病院で死なせてしまったという後悔のほうが強かったです」

それには理由があった。介護は大変だったが、いつしか、義父との暮らしに多くの喜びを感じるようになっていたからだ。

「義父は本好きで、映画も好き。質問するといろんなことを教えてくれたし、新聞に面白い記事が出ていると見せてくれた。レンタルショップで好きな映画のDVDを借りてきてあげて、家で一緒に観たりもしました」

義父は、その年代では珍しく大学まで進学し、戦時中は満州で通訳をしていた。戦後は国家公務員として運輸省（当時）に勤務し、博識だったという。いろいろな分野に造詣が深く、話していて飽きない。景子さんにとって尊敬できる人だったのだ。

「夫が出張がちだから、留守を守る者同士で肩寄せ合い、支え合って暮らしていた感がある。張り合いのあった時期から、重荷になった時期もあるけれど、お誕生日やクリスマスなど一緒にお祝いすると、普段もの静かな義父がはしゃいで喜んだりすることもありました」

景子さんには、自分の息子の心に「おじいちゃんと一緒に暮らしたんだ」という記憶を留めてほしいという思いもあった。自分ができなかったお年寄りとの暮らしを体験させたかったのだ。

だからこそ、家で看取れなかったという後悔は大きかった。葬儀を終えても中途半端に義父を旅立たせてしまったという悔いが消えず、喪失感に襲われた。

一息つけたのは、数ヵ月後「つどい場さくらちゃん」に相談に行き、自分の気持ちを聞いてもらってからだ。

「どんなに一生懸命、心を尽くして介護をしても、後悔は残るねんよ」

というまるちゃんの言葉は、景子さんの胸に響いた。まるちゃんの前で、涙はこれほど出るものなのかと思うほど泣きに泣いた。そうするうちに、「お義父さんの介護は、あの場所でできたことが自分のすべてなんや」という思いが、心にストンと入ってきたそうだ。

「ただただ泣いて話すことで、本当に浄化されるんやなと思いました」

感情を出すことが癒やしにつながる

今でも「つどい場」には、大切な家族を喪い、やり場のない悲しみに包まれた人たちが、まるちゃんに気持ちを吐き出しにやってくる。それが介護をしてきた人たちの悲嘆を癒やすケア（グリーフケア）になっている。

「『つどい場』でのグリーフケアは、せいぜい泣いてもらうこと。吐き出すことがいちばんです。**看取った後は、さまざまな思いが溜まっていて、ご葬儀が終わってもちゃんと泣けていない人がほとんど。一度大泣きしないと悲しみは乗り越えられません**」

まるちゃんの語り口は控えめだが、実はグリーフケアの専門家も、彼女と同意見のようである。

上智大学グリーフケア研究所特任所長の髙木慶子《よしこ》さんは、著書『悲しんでいい』（NHK出版新書）のなかでこう記している。

悲しみを一人でかかえ込んでいるだけでは、悲嘆は癒されません。悲嘆の感情は、表に出すことによって、すこしずつ回復へと向かうのです。悲しいときは〝悲しんでいい〟のです。

悲しみは1人では簡単に乗り越えられないものだが、同じ喪失体験を持つ人に気持ちを打ち明ける場があると、つらいのは自分だけではないとわかり、孤独から解放されるという。

髙木さんによると、心の底から泣いて悲しみや怒りを表に出すことには、心身を浄化する効果がある。マイナスの感情を外に出すことで自然治癒が促されるそうである。人の死についても明快だ。

〝死〟と向き合うことは、〝生〟をしっかり見つめることです。そして、命の尊さを知ることによって、人間は豊かな心で生きていくことができるのです。（中略）「人の死」はつらいものです。でも〝死〟を思い、〝死〟も人生の大切な一部であることをわかっていれば、愛する人を失ったときでも、人間は深い悲しみのなかからかならず新たな一歩を踏み出せるはずです。

そして悲嘆の感情が徐々に癒やされていくと、「人間は喪失体験をバネにして、以前よりも高レベルの人生を送ることができる」という。

まるちゃんも私にこう語ってくれた。

「みなさん介護を通していろんな力をもらい、身につけていかれます。だから次の段階では、語り部となってそれを伝える力をつけていってほしい。そういう場が増えることを願っています。求めて一歩踏み出せば、必ず何らかの答えが返ってくる。少しずつそこからいい方向へつながっていけるはずです」

余計な治療をしてはいけない

だが、こうしたグリーフケアは、介護を受けていた家族が亡くなったあとのことだ。亡くなるまでの過程も大切だと語るのは、これまで約1000人を在宅で看取ってきた長尾医師（第3章で紹介）である。

「**大事なのは死までのプロセスです。つまり終末期が穏やかなら、穏やかな最期につながり、穏やかな看取り、つまり『平穏死』になる。**納得できる最期を迎えられた方は、そうでなかった方と比べて後悔の深さがまったく違うのです」

終末期、つまり治る見込みがなくなって以降を穏やかにするためには、何よりも余計な治療をしないことが大事だ、というのが長尾医師の持論だ。

では、「余計な治療」とは、何を指すのか。長尾医師によると、穏やかな死への順調なプロセスは、「自然に食欲がなくなり、衰弱して枯れるように死んでいくこと」だという。つまり、体が枯れるように自然に機能低下していくプロセスを妨げるのが、余計な治療ということになる。たとえば、点滴や栄養補給、体に溜まった水を抜くことなどがそれに当たるが、各々理由がある。

・衰弱してからの過剰な点滴は、心臓や腎臓に負担をかけ本人を苦しめる。
・死ぬ前に脱水状態になるのは苦痛を和らげるための体の自然な反応で、点滴をするとかえって苦しむことになる。
・胃ろう（胃に穴をあけて管を通し、水分や栄養を直接入れる医療的措置）や鼻腔チューブなどを使った栄養補給は、胃腸に負担をかける。

・胸水や腹水を抜くと、体にとって貴重なタンパク質であるアルブミンや、そのほかの栄養素まで抜けてしまい、かえって体が弱る。

などである。長尾医師の言葉を借りれば、健康な人には必要な治療であっても、終末期にある人にとっては**「ありがた迷惑なこと」**なのだという。

長尾医師自身、苦い経験がある。かつて大学病院に勤務していたころは、がんの末期であれ90歳近い高齢者であれ、回復が見込めないとわかっている患者にも治療を行っていた。だが患者は、苦しんだ末に亡くなっていく。こうした事例に数え切れないほど接してきたのだ。長尾医師はそのころから、延命治療に疑念を抱き始めたという。

そしてあるとき、治療を拒否し続けた食道がん末期の患者が、一日2杯の水だけで実に安らかな最期を迎えるのを目の当たりにして、考えが変わった。患者を苦しめていたのはがんなどの病気ではなく、延命治療を行った自分自身だと気づいたのだ。それがきっかけで、今では当時とは正反対の医療を行っている。

「終末期の方に余計な治療をしない方針を徹底していくうちに、本当に苦しまない最期があること、また延命治療をしないことが、最大の緩和ケア（痛みや苦痛などを予防、和らげるケア）になることも学びました」

静かに逝けるかどうかを決めるのは、病気の種類だけではないと長尾医師は言う。

「平穏な死というのは、がんも老衰も心不全も肝硬変も病気を問いません。終末期を経て死に至るには、ある一定の『病気と闘う期間』、つまり終末期が穏やかであることが大事で、その期間は人によって違います。たとえば、認知症の末期なら1年から数年、がんなら約1ヵ月半と長短があって、そこを穏やかに過ごしてもらうのが重要。余計な治療に時を費やすより、最期まで楽しく生活しきることが大切です」

後悔34 施設に無理を言ってしまった

楽しく生活しきる――それがどういうことなのか、私に教えてくれたのが、第1章などに登場してもらった戸牧一枝さんだ。

夫が65歳でアルツハイマー型認知症と診断されて以来、紆余曲折の末、念願の特養へ移って5年。一枝さんは1日おきの面会や、逆デイサービスと逆ショートステイを続けて一枝さんなりの充実した施設介護を続けてきた。

ところが、73歳の6月から夫の体調が悪化し始める。

「食欲はあっても微熱が続くようになり、3ヵ月で体重が5キロも減りました」

尿が出にくくなったので血液検査を受けたところ、前立腺がんの可能性が指摘された。だが一枝さんは、弱った夫に精密検査を受けさせる気持ちはもうなかったという。

その年の暮れになっても、夫の体調は優れなかった。例年なら正月は自宅で過ごすのだが、その年は「パパの所でお正月をしよう」という娘たちの呼びかけで、家族が特養に集まって新年を迎えることに決め、一枝さんや娘たちが、それぞれに手づくりのお節を持ち寄った。家族にそうした要望があれば、ちゃんと部屋を用意してくれる施設だった。

年が明けて極寒の2月に入ると、夫は食べ物すら飲み込めないほどに弱っていった。施設の医師は「今すぐどうこうはありません」との見立てだったが、一枝さんは夫の容態が気になって、毎日施設に通った。

とうとう「終末期に入られましたね」と告げられたのは、3月に入ってからである。施設長からは「看取りは、施設でもご自宅でもいいほうでなさってください」と言われた。実はこの特養では、入所中は3ヵ月に1回家族をまじえたカンファレンス（会議）があり、一枝さんはそこで、施設長に常々、「ゆくゆくは家で看取りをしたいんです」と話していた。それを受けての言葉だった。

しかし一枝さんには、「施設のほうがいいのではないか」という気持ちもあった。

「そのころの夫にとっての日常は、耳から入ってくる音も、感じる雰囲気も、すべて施設のものだったでしょう。だから、『もし看取りの時がきたら、毎日聞き慣れたざわざわとした人の声や、笑い声がする中で最期を迎えたほうがいいんじゃないかな』という迷いもありました」

この特養では、入所者が集まる食堂の隣に看取りのための部屋があり、年間20人ほどをお見送りしている実績があった。

迷いながら、およそ4週間。

3月末の早朝に、「ちょっと元気がないです」と施設から電話が入った。娘と一緒にあわてて駆けつけたという一枝さん。部屋に入った途端、

「いつものパパの顔じゃない！」

娘がワッと泣き出した。

一枝さんも夫の顔を見た瞬間、「もう家に連れて帰ろう！」と心に決めたという。

施設側に何も告げないまま、一枝さんは着替えなど荷物の大半を憑かれたようにカバンに詰め込み、「明朝までに準備を整えて夫を迎えに来よう」と自分に強く言い聞かせ、荷

物を持ち帰った。

それからはもう、夫を家に迎えることしか頭になかった。帰宅してすぐに「つどい場さくらちゃん」に連絡を取り、在宅介護に移るためのサポートを頼んだ。

翌朝は早めに施設に向かい、相談員に夫を連れて帰りたいと申し出た。施設長は快く退所を受け入れ、帰宅用の車まで用意してくれた。夫を車イスに乗せ特養のエントランスを出たのは、ちょうどお昼ごろ。大勢のスタッフに笑顔で見送られ、自宅に向かう。

「よくしてもらってきたのに、最後は無茶をしてしまったなあとつくづく思いました」

と一枝さん。気持ちよく退所させてもらえたが故の後悔だった。

後悔35 家で看取るかどうか迷う時間が長すぎた

帰宅すると、担当のケアマネジャーがすでにケアプランを立てて自宅前に待機してくれていて、午後には訪問看護師、夜には在宅医も自宅を訪ねてくれた。「あと4〜5日か、長くて1週間かなあ」と医師から告げられたのは、そのときだ。

「娘たちは驚いたようですが、私は毎日、夫がレベルダウンしていくのを見ていましたから、具体的に日数を聞いてもそれほどショックはなかったです」

その医師から帰りがけに、

「お父さんが帰ってきはったんやから、みんなで楽しみなさいね」

と言われたそうだ。

「こういう状況で楽しむなんてどういうことなのか、そのときはわかりませんでした」

だが、すぐにその意味がわかるようになる。

自宅のいいところは、制限がないことだ。食べること、寝ること、車イスでの移動、すべてに制限があった施設とは異なり、家ではすべて自由である。当然、外出もできる。ちょうど桜が美しい季節だったこともあり、一枝さんは住んでいるマンションの敷地内にある公園に、夫の車イスを押して一緒にお花見に行った。

食事も、家族と同じものをミキサー食にすると、夫はおいしそうによく食べた。寝る前には娘たちとビールで乾杯。スプーンですくって差し出すと、むせることなく2〜3口飲めたという。

毎日ヘルパーに体を拭いてもらい、訪問看護師のバイタルチェックも受けた。帰宅して2日目には、施設の相談員が退所の手続きのために来訪。夫が落ち着いてよく食べている様子をみた相談員から、「家に帰ってよかったね」と言われたことが、一枝さんにとっては何よりも嬉しかった。

3日目には、夫が食べ物をのどに詰まらせるアクシデントがあったが、医師にすぐ電話が通じ、アドバイスに従って背中を叩くだけで解決できた。この日も公園でお花見。孫たちが楽しそうにシャボン玉をとばす様子を、夫は目を細めて見ていた。

髪が伸びているからと、ベッドに寝たままで散髪やひげ剃りをしてもらったのは、4日目のこと。同日の午後2時過ぎには訪問入浴も受けた。入浴剤を入れ、ピンクに染まった湯に浸かる夫。孫たちは「おじいちゃん、気持ちよさそうだね」と、バスタブのそばで微笑んでいた。

さすがに疲れたのか、夫はベッドで2時間ほど眠り、夕方に目覚めると一枝さんがとろみをつけたお茶をコップ1杯飲んだ。その後は車イスに座って、家族がにぎやかにダイニングテーブルを囲んでいるのをながめながら、まどろんでいる様子だった。

一枝さんがミキサー食を準備して、「さあパパ、ごはん食べようね」と声をかけた瞬間だ。夫の息が少し荒くなったと思うと、次に大きな息を2回。一瞬目を見開くようにして大きく息を吸い、そのままとなった。息を引き取ったのである。

「74歳。本当に自然で、穏やかな最期でした」

わずか4日間の帰宅だった。

しかし、「したいことがいっぱいできて感謝しかない」と一枝さん。

「先生が『楽しんで』とおっしゃった意味が、後でやっとわかりました。施設ではこんな最期は迎えられなかったでしょうね。パパは家に帰りたくて、私に無茶をさせたのかもしれません」

でも……。

「もっと早く、せめて1ヵ月前には家に連れて帰ってあげればよかった。迷いが長すぎたなあと後悔しています。それと同時に、最期は苦しまないで逝ってほしいとずっと思ってきて、それがかなったことはいちばん嬉しかったです」

昔は離婚の危機もあった2人だ。

「病気になってからは、不思議と離婚したいという気持ちはなくなった。もう夫婦じゃなくて、何があっても尽くしてしまう肉親になっていた。愛《いと》おしい存在でした」

夫の旅立ちから、もう1年半。

お墓の問題などで走り回るうちに日が過ぎてしまったが、それも終わった今、ホッとして「ああ、1人になってしまったんだなあ」と、急に寂しさを感じている。

エピローグ

本書は介護の先輩たちが経験した後悔に学び、介護が始まる「その日」に備えようという試みだった。終盤にさしかかったここで、参考までに私なりの教訓を「介護の後悔を減らすための8つの心得」として記しておきたい。

介護の後悔を減らすための8つの心得

①介護について学ぼう

介護について何も知らないと、医師や介護職など専門家の言いなりになってしまう。「何かおかしい」と思いながら、質問さえできず流されがちになるのである。だが、いくら専門家であっても、常に正しい答えを示してくれるわけではない。十分納得がいかないまま介護を続けては不信感が残ってしまい、後悔につながりかねない。

だからこそ、後悔しないために最低限の知識はもっておきたい。

特に私が知っておいてほしいと思うのは、薬のことだ。不要な薬を処方され服用し続けた人、施設の都合で精神安定剤を飲まされそうになった人もいたのは、すでに見たとおりである。また、抗認知症薬については「量が要になる」と専門医も言っている。人によって合う・合わないがあり、適量も異なるということだろう。介護される本人を守れるのは、家族だけなのだ。後悔しないように、少しでも早くから介護について知っておくようにしたいものである。

②「主たる介護者」を1人決めよう

介護が始まったら、まず「主たる介護者」を1人決めることが大切だ。わが子を介護に巻き込んで後悔した人、きょうだいを介護に関わらせようとして、かえって悔やむことになった人もいたのはすでに紹介したとおりだが、主たる介護者を決めれば、そんな後悔はなくなるのではないか。余計なゴタゴタがなくなれば、介護される側も落ち着くことだろう。

ただし、ほかの人が無関係を決め込んでは、介護は継続できない。主たる介護者にも仕事や生活はあるわけだから、時には息抜きできる時間をつくってあげたり、経済的な援助をするなど、周囲は気遣いやサポートを忘れないようにしたいものだ。要介護者に関わる全員が、「腹をくくる」必要があるのではないか。

③つらい気持ちを吐き出そう

つらい・苦しいなど負の感情を外に出さない傾向が強いからだろうか、私たち日本人はやりきれない気持ちも肉体的な疲労も、すべて溜め込んでしまいがちだ。

疲れ切って倒れてしまう前に、気持ちを言葉にして誰かに伝えてみてはどうだろう。介護についてわかってくれる人に話を聞いてもらい、一緒に泣いてもらうだけで、心が軽くなるという。感情をすべて吐き出して、それが気持ちの整理に結びついた人や、「よう頑張ってるね」と背中をさすってもらって癒やされたという人がいたのは、すでに見たとおりだ。気持ちを理解してもらえたという安堵感や、人との「つながり」を実感できたことが、介護者に力を与えたのだろう。

一般に男性には、本音を語ったり、弱音を吐くのが苦手な人が多いといわれるが、男性介護者も一度は遠慮なくグチを言ってみてはどうだろうか。

④介護を抱え込まず、外に出よう

介護する人もされる人も外出の機会は減ってしまいがちだが、家にこもってばかりでは息がつまってしまう。行き詰まりを感じる前に、外に出て気分転換することをお勧めしたい。デイサービスの日を利用すれば、カフェでお茶を飲んだり、外出を楽しめるだろうし、同じような立場の介護仲間と出会うきっかけも、つかめるだろう。

さらに進んで、要介護者と一緒の外出に挑戦してみてもいいのではないか。車イス利用の母（99歳）とともに、沖縄旅行に出かけた有岡陽子さん（第7章）を思い出していただきたい。決して無理な話ではないのである。

介護を受けている人は、「世話になっている」「迷惑をかけている」と負い目を感じているものだ。そんな人も、新鮮な空気に触れ、解放感を味わえば、表情が生き生きして笑顔が増えるという。

⑤家か施設かの二択で考えるのをやめてみよう

内閣府の『平成30年版高齢社会白書』（全体版）によると、家で介護を受けたいという高齢者が回答者全体の7割以上を占めるという。そんな高齢者が施設に入れば「帰りたい」という要望が出てくるのも当然だし、要望をかなえてあげられない家族は後悔することになるだろう。しかし、家では要介護者を支えきれない場合があるのもまた事実。施設に入所せざるを得なくなったら、どうすればいいのだろうか。

まず大切なのは、家族ができるだけ、本人に会いに行くことだろう。それが、家族にしかできない「心のケア」につながるはずだ。任せっ放しでは、「(介護を受ける)本人は『施設に放り出された』と思って寂しい思いをしますよ」という、男性介護者・山内輝昭さん(第3章)の言葉をあらためて引用しておこう。

もう1つ大切なのは、どちらか一方に決めないことだろう。「家か施設か」という二択で考えるのをやめて、行ったり来たりする方法もある。在宅介護と施設介護、両方の〝いいとこどり〟をしてもいいのではないだろうか。要は、本人の気持ちと生活が安定すればいいのだから。

⑥介護職とよい人間関係を築こう

介護サービスを利用すれば、必然的に私たちも介護職と接することになる。言い換えれば介護職は、要介護になった家族を支えてくれる仲間となるわけだ。

だからこそ、いい人間関係を築きたいものである。これは何も、「介護職の言うことを聞こう」とか、「がまんしよう」ということではない。専門家が言うように、「お互いに譲り合い、上手に相手の話を聞く姿勢をもつこと」、そして「介護を受ける本人が幸せになるにはどうしたらいいかを、ともに考えていくこと」が大切ではないだろうか。

介護が始まると、仕事や家事など、介護者は自分のことにばかり目が向きがちだ。介護職も、自分の都合・仕事上の都合を要介護者よりも優先してしまうことがあるのではないか。介護される人を置き去りにしないよう、気をつけたいものだ。

⑦家族に認知症の兆候が見られたら、初期対応を大切にしよう

家族に認知症の兆候が見られたら、初期対応が大切となることを覚えておこう。認知症の初期対応とは、介護できる態勢を整えることだ。具体的には、

・信頼できる専門医を探すこと（できれば薬のことや家族のケア、本人の生活全体にまで配慮できる人がベスト）。

・本人のプライドを損なわないように病院に誘い、きちんと診断してもらうこと。

・そして、もっとも大切なのが、医師を中心に訪問看護師や介護職などのチームを整えること。

である。医師や介護職を探すのに困ったら、家族会などの交流の場に参加して、近隣の人から情報を得るのもいいだろう。

⑧終末期を楽しもう

「もう治る見込みのなくなった人が、何を楽しめるというのか」――そう考える人もいることだろう。私自身、最初は「終末期を楽しむ」ということの意味がわからなかった。しかし、死期が迫っていても、人は訪問入浴を利用してお風呂を楽しんだり、お正月にお節料理を味わったりできる。マンションの公園で家族とささやかな花見を楽しんだ人もいた。たとえ束の間であっても、小さな喜びをかみしめ残された日々を生きる、それが「終末期を楽しむ」ということではないだろうか。

無駄な治療はせず、過度におそれず、ともに穏やかな時を過ごす。そんなエンディングであれば、きっと後悔なく介護を終えられるはずだ。

介護は大きな力をくれる

心得の中には、多くの方に同意してもらえるものも、そうでないものもあるだろう。しかし、いずれにしても後悔は減らせるし、後悔を減らせば介護はつらく苦しいだけのものではなくなると、私はつくづく思う。取材に応じてくださった介護者の「その後」が、それを証明してくれる。

執筆の過程で、私は何度も不思議な光景を目にしてきた。インタビューに応じてくれた人たちの様子が、会うたびに変わっていくのである。

最初はほとんどの人が伏し目がちに、肩を落として、自分の体験を淡々と語る。なかには眉間《みけん》に深いシワが刻まれたままの人がいたり、つらかった過去を思い出して涙目になる人もいた。それぞれに後悔を重ねてきた方々だ。当然といえば当然のことかもしれない。

しかし時が過ぎ、何かの機会に再会したり、あるいは講演会などでスタッフとして動き回る姿を目にしたときには、表情が明るくなって活き活きとしている人が多いのだ。中にはヘアスタイルがまったく変わって、ほんの少し前までは見たことのないような表情で話す人もいて、その口調にある種のたくましささえ感じることもあった。

なぜ、こんな変化が起きるのか。「つどい場さくらちゃん」のまるちゃんから何度も聞いたのが、すでに紹介した「みなさん介護を通していろんな力をもらい、身につけていかれるんです」という言葉である。懸命に介護に取り組んだ人は、普通の生活では得られない大きな「力」をつけていくというのだ。

プロローグに登場してもらった西村早苗さんが、そのいい例かもしれない。

早苗さんは長年、夫の介護を続けてきたが、今あらためて、これまでの介護生活をこう振り返る。

「最初の3〜5年はもう無我夢中。10年経つころには腹立ちも、疲れも、苛立ちもあった。自分の生活がどう成り立っているかがつかめなくて、悶々としていた。それが24年経った今、いろんなものが見えてきた感じがするの。最近、特に心境の変化を感じるんです」

なぜかこのごろ、「介護する自分が幸せだと思える」ようになったのだという。

もちろん今でも、介護中の夫の態度に腹を立ててしまうこともある。そんな自分がイヤになり、自己嫌悪に陥ることもある。日々小さな後悔をくり返しながら、それでも大きな変化を感じるというのだ。

「お父さんの介護がなかったら今の生活はないと思うんです。『つどい場さくらちゃん』との出会いもそう。介護をしてきたおかげで、『さくらちゃん』を通して、いろんな人に出会ってきた。何よりも多くの介護する仲間に出会え、支えられてきた。さまざまな職業の人の人生にふれ、自分では知らない考えも耳にできた。その分、私の人生はすごく豊かになったと感じています。『介護者は自分の人生まで奪われる』とか、『つらくてしんどい』とか言われるけれど、そればっかりじゃないんですよ。それに、世話をしていると、お父さんからの感謝も伝わってくる。どの辺りからこういう心境の変化になったのかわからないけれど、よくよく考えたら、すべてお父さんのおかげなんです。文句を100万回言いながら介護してきたのにねえ」

さらに、つけ加えた。力強く。

「きょう一日何をした？　と聞かれたら、いつもどおり生活しているだけで取り立てて何もしてないいんです、私。でも、基本は『夫の命』を守ってる。命を支えるための作業をしてるの」

そう言う早苗さんも63歳のとき、大病を患った。直腸がんのため人工肛門となり、今も食事には気を遣う。

「でも、私って何事も大げさに考えないタイプ。夫の介護に関わってきたせいか、がんもすんなり受け入れられました。もっと重い障害を抱えているのに、生きがいを見つけて一生懸命生きている人たちをたくさん見てきたからかもしれません。少々のことで不幸って考えるのは申し訳ないです」

ただ、歳を重ね、体力が目に見えて落ちてきた。夫の要介護度は4から5に上がり、立つ力がどんどん弱くなっている。夫をベッドから車イスへ移すたびに「もう限界かな」と思うこともある。夫を施設に入所させたら楽になるだろう、と心が揺れることもある。さまざまな気持ちが日々せめぎ合う。

「でも、今まで頑張ってきたんだから、もう後悔したくない。できるだけ最期まで在宅で看たいと思っています。とにかく、きょう一日を乗り切れたらいいの」

早苗さんはさわやかな笑顔でそう言葉を結んだ。

「介護をしていたおかげで幸せだと思えるようになった」という早苗さんの言葉が、私にも理解できるような気がした。

謝辞

執筆にあたっては、多くの方のお力添えをいただいた。長尾和宏先生、松本一生先生をはじめとする識者各位は、示唆に富むコメントを寄せてくださった。「つどい場さくらちゃん」のまるちゃんは、筆が進まず行き詰まるたびに私の背中を押してくれた。そして何より、多くの介護者から貴重な体験談を聞かせていただくことができた。匿名希望の方もいるので、改めてひとりひとりお名前を挙げるのは差し控えるが、胸の奥に封印しておきたかったことを話してくれた方もいたことだろう。この場を借りて心より御礼申し上げたい。なかでも、とりわけ長期の取材に協力してくれたのは西村早苗さんだが、自宅で療養生活を送ってこられたご主人は、２０１７年の晩秋、寄り添う早苗さんのそばで眠るように旅立たれた。本書を捧げ、心よりご冥福をお祈りする。

| 著　者 | 上村悦子（うえむら・よしこ）
岡山県生まれ。コピーライターを経てフリーに。介護、女性、子どもの問題を中心に取材し、「婦人公論」ほかに寄稿。著書に『まじくる介護　つどい場さくらちゃん』（丸尾多重子監修、雲母書房）、『家族が選んだ「平穏死」』（長尾和宏との共著、祥伝社黄金文庫）などがある。

あなたが介護《かいご》で後悔《こうかい》する35のこと
そして、後悔《こうかい》しないための8つの心得《こころえ》　　介護ライブラリー

2018年10月16日　第1刷発行

著　者　上村悦子《うえむらよしこ》
発行者　渡瀬昌彦
発行所　株式会社講談社
東京都文京区音羽二丁目12－21　郵便番号112－8001
電話番号　編集　03－5395－3560
販売　03－5395－4415
業務　03－5395－3615
印刷所　豊国印刷株式会社
製本所　株式会社国宝社

ISBN978-4-06-511844-3
N.D.C.369　223p　19cm